AF200117

Dieter Leonhard

Dorfgeschichten vom Hunsrück
Für Plattschwätzer und sonstige Menschen

Bibliografische Information der Deutschen Nationalbibliothek:
Die Deutsche Nationalbibliothek verzeichnet diese Publikation
in der Deutschen Nationalbibliografie, detaillierte bibliografische
Daten sind im Internet über http://dnh.dnb.de abrufbar.

Herstellung und Verlag: BoD – Books on Demand, Norderstedt
ISBN: 9783750480384

Herausgeber: Dieter Leonhard, 23611 Bad Schwartau
Umschlaggestaltung: Axel Leonhard
Zeichnungen: Ute Reinbeck

Dieter Leonhard

Dorfgeschichten vom Hunsrück
für Plattschwätzer und sonstige Menschen

Eine Sammlung von Dorfgeschichten aus dem Hunsrück
mit eigenen Erinnerungen aus der Mitte des 20. Jahrhunderts entlang der Bundesstraße 50

Worom eich gäre of Honsrecker Platt schreiwe?
Die Sprooch hon eich von Grond of geleert on schon als
kläna Buu geschwätzt, wie eich noch net schreiwe konnt.
Wie ma dat dann awwa en da School so noo on noo geleert
hon, muust ma Hochdeitsch schreiwe on naderlich aach so
schwätze. On richdich schreiwe muust ma aach.
    Of Plattdeitsch kannste de schreiwe wie de wellst.
Do gets kä Rächele. On wenn dä ähn e bissje annascht
schreibt ore schwätzt wie dä anna, dann wohne die zwai
vielleicht en vaschiedene Derfer. Fo die Leit, wo net Plattdeitsch kenne (nemme, ore noch net kenne), biere eich em
zwäte Dääl von däm Biechelche noch ebbes of Hochdeitsch an.
Beim Läse wensche eich ouch all viel Spass on en gut
Onahallung met meine Dorfgeschichte vom Honsreck.

Dieter Leonhard

Inhaltsverzeichnis

Dieter Leonhard
Dorfgeschichten vom Hunsrück
für Plattschwätzer und sonstige Menschen

Geschichten auf Hunsrücker Mundart
Wo eich herkomme

Dankescheen an ouch all, wo da dat Buch kaaft hot on weile ebbes von friaa von meer heere wollt on aach sollt. Eich well meich zeerscht moo persönlich vorstelle met e paar Änzelhäte, dät da all wesst, wat eich for äna sen:

Et es scheen, dät eich ouch von der Zeit on von der Gächend ebbes vaziele kann, en der eich nächst 20 Joahr geläbt hon. Wie de Klappastorsch meich domols abgelaad hot, hot mei Modda noch em Bett gelään, on en Herd Leit hot drommeromm gestann. On weil dat doo so gemietlich war, hon eich mich gleich debei gelaacht.

Wie eich grad so mei Aue et erschde Moo offkriet hon, do konnt eich of da Oua an der Wand gleich siehn, darret grad haleb Vier doarch war. On weil et drouß noch dunkel war, konnt et noor mojens haleb Vier gewääs sen, net nommedachs. Dann hot jemand von däne, wo lo drommerom gestann hon, dat iewascht Blaat vom Kalenna abgeress. Of däm nächste Blaat war weile en rot "**1**" se siehn. Ou, daacht eich, dat muss en Sonndach sen! On weil die Fraaleit om dat Bett eromm weile noch aangefang hon vom Osterhaas se vaziele, es ma aach klar wor, dat Ostersonndach war. Weil mei Aaue domols nach ganz jung ware, konnt eich aach gut siehn, dät onna der „1" ganz klän dat Word "A p r i l" gestann hot. "Dat es joo en Volltreffer", daacht eich gleich, "dodemet kann eich mei ganz Läwe lang die Leit va-uze. Doo hon eich aach gleich beschloss, ganz lang se läwe. Hei en däm Bettche horret ma gut gefall, on se trinke hots aach

9

gleich ebbes gen. Wie et spära net werklich hell wor es en däm Zemma von meinem Blechlasch Oma on Oba, wo hout dat Badezemma on de Kloo dren sen, hon eich gesiehn, dat mei Leit dat Fenster met Gardine on annere Lombe zugehonk harre. Käne Lichtschein sollt noo oußewennich dringe. Et war joo noch Kriech gewääs, on die Leit harre Angst for de Fliecher on de Bombe. Em Doref ware schon ämo Bombe gefall, 7 Stick solle et gewääs sen. Se härre awwa zum Glick net so viel Schare aangeriecht, hon eich spära moo so gehoart.

Die Leit om dat Bett erom hon eich ma all so beguckt. Die Blechlasch-Oma, en Tande on en Nobaschfraa hon eich von ehra Stemm her joo schon kannt. De Oba hot aach alsemoo seine Kopp en die Deer gestoch on neischärich geguckt. Dä wollt gleich wesse, warret dann wor es. Dodemet horra meich gemähnt. Doo war aach noch en fremd Fraa merrem weiße Häibsche offem Kopp, dat war die Gemäneschwesta gewääs. Die hot devor gesoorscht, dät eich aach of däm richdiche Wääch ousgeliefert on dann gut behannelt wäre dät. E paar Daach vorher hon mei Modda on eich uus noch en Lenneschied em Laiebersch for de Fliescha vastoch. Awwa dann sen die Ami met ehre Panzer, Lkw's on Jeeps die Eiche Heh eronna noo Bichebeiere engereckt on hon sich doo gleich bräätgemach. Bei uus war weile de Kriesch am Enn! Die Leit em Doref hon meich aach deshaleb „de erscht Ami" em Doref genannt. Dodebei hat eich noch garneist geschwätzt, on schon gar net of Englisch. Von meinem gemietliche Platz ous hon eich als die Leit en däm Zemma betracht on noo meinem Vadda geguckt. Ei, dä wär jo gar net dehäm, hon se gasaat, dä wär onnawächs of Diensträäs, en Frankreich wär dä!

Bes Aanfang 1945 hat meine Vadda bei da Bahn geschafft on broucht deshalb aach net gleich Soldat se wäre. Dann awwa, wo die Sach aarisch brenzelich woor es, hon se dän awwa aach noch gehuul. Er sollt die ganz Sach scheins nochemoo romreiße. Dodefor hon se en engezoo on ihm en änem Korzlehrgang en da Mainzer Gächend beibraacht, wie ma Kriech micht. Dann horra en Gewehr kriet on ab es et gang noo Frankreich. Ohne Gewehr herre se ihn do aach gar net rengeloss.

Dat war datselwe wie domols 1914 bei meinem Oba, däm Vadda von meinem Vadda. Aach dä hot en Gewehr kriet, fo noo Belgien on Frankreich se komme. Dat hot däne Belgier on Franzose domols awwa gar net so gut gefall, do hon se äänfach of en geschoss on ihn aach troff on bees vawondt, die Lompesäckel! Meine Vadda hon se net troff, se honnen nor engefang, festgehall on engesperrt, 2 Joahr lang en Gefangenschaft bei Wasser on trocke Brot. Do essa ganz därr wor.

Hon meer dat hout doch so gut. Meer kenne noo Frankreich, noo Belgie on iewerall hien fahre, ohne en Gewehr metsenemme. Meer kenne aach wiere häm fahre, wenn ma dat wolle. Wie meine Vadda dann 1947 häm komm es von seiner Diensträäs, sen eich em schon met da Schmeer en da Hand em Housgang entgängelaaf. Awwa dä hat ma neist metbraacht von seina Diensträäs noo Frankreich.

Domols hon meer en Schelasch ehrem alte Hous gewohnt, wat weile schon lang abgeress es. Meine Vadda muust joo dann aach wiere schaffe gehn, weil er joo vier Maila se stobbe hat. Bei da Bahn als Staatsbetrieb doarft da awwa nemme gleich aanfänge. Zeerscht muust er en Entnazifizierung iewa sich ergehn losse. Dat war so ebbes wie en grendlich Koppwäsch, ore besser, en „Gehirnwäsch", wo

11

dä ganze broune Sabsch von der vaflucht Nazizeit ous de Käpp von de Leit ousgetrieb wor es. Net noor Männer hon dat metmache misse, aach Fraaleit. En der Zeit es de Vadda noo Soore bei de Kuunz end Säeweak schaffe gang. Jede Daach essa do mem Fahrrad hien- on zoreck gefahr. Wie so zwoo Joahr eromm ware, doarft er wiere bei da Baahn aanfänge, diesmoo awwa en Kerberich. Eich gläb, dat hot meina Modda ganz gut gebasst. Es se of die Art doch emo so e bissje rous komm ousem Doarf, en die Stadt. En Kerberich homma en äna Dienstwohnung von da Bahn gewohnt. Onne war noch en anna Bahnfamilie, on meer ware em erschde Stock. En Kerberich sen eich aach 1951 hennam Stadtgrawe an da Schied en die ev. Volksschool engeschoolt wor. Dat war domols noch noo de Osterferie. Weil de Stichdaach for die Schoolkenn de 31. Mearz gewääs es, on eich am 1. April gebor war, muust eich fo dä ä Daach vom Dokta en extra Attest hon, wo drenngestann hot, dat eich der Sach met da School aach gewaas gewääs wär. On ob eich där Sach gewaas war, wat gläbt der dann! En der Zeit hon se en Loutze schon aangefang, de Fluchplatz fo die Amis se boue, on von Bichebeiere ous sollt en ganz nou Bahngläs dohien gelaacht wäre. En däm Sesammehang es of däm Bahngelände en Bichebeiere en ganz noumorisch elektrisch Weichestellwerk offgebout wor. Fo dat se bediene, hot die Bahn met ehre Beamte vorher en Lehrgang abgehall. Meine Vadda hot dän bestann, on annere hon dän net bestann. Also war et dann so, dät meer met der Familie, die bes weile em Bichebeierna Bahnhub gewohnt hot, die Wohnunge tousche muuste. Die sen noo Kerberich gezoo on meer noo Bichebeiere. Dä Omzuuch hot meine Unkel Ernst met däm erschde LKW en seinem, noo da Gefangenschaft offgemachte Fohrbetrieb gemach. Dat Auto hot noch ousem

Kriech gestammt on hat henne iewa da Ladepritsch kä Verdeck gehat. An däm Omzuuchsdaach es et paar Mo hien on her gefahr. Wennet doo geräänt hät, wär dat ganz Geschärr von uuse zwoo Houshalte vasout wor.

Weile muust eich en Bichebeiere en die School gehn. Zeerscht en die klä Klass met dä Schooljoahre 1 bes 4 on Fräulein Geibel war uus Lehrerin. Dat war en ganz jung Ding gewääs, on ganz hibsch war se gläwich aach. Awwa domols hot ma doo noch net so hiengeguckt. Wenn eich bei der en Gediecht offsaan sollt, hot se zu ma gesaat: "Dieter, dann stehst de off on stellst dich frei näwa die Bank en de Gang, michst et Kreiz grad, hälst de Kopp hoch, dreckst die Brost rous, on schwätzt merra hata Stemm, det ma dich gut vastehn kann!"

Frl. Geibel es net lang bei uus blieb, dann hot se geheirat on es als Frau Reinganz fot gang noo Abenteuer. Dat leit loo henne em Soonwald. Meer hon dann neist me gehoart devon, wie ehr Abenteuer en Abenteuer weiere gang es. Noo Frl. Geibel es Frau Tomschewsky komm, vore hot se Vera gehäß, Vera Tomaschewsky! Dat war en ganz resolut Fraamensch, on aach schon e bissje ella wie Frl. Geibel. Die hot gäre met uus gesung. Aach wie ma spära schon en da groß Klass ware met de Schooljoahre 5 bes 8 bei uusem Lehrer Emil Rohleff, hot die bei uus de Gesangsonneriecht noch gehall. On dat net ohne Erfolg. Dat hot sich dodran gewies, dat so ongefähr die Häleft von de Bue noo da Schoolentlossung met 14 ore 15 Joahr en de Männergesangverein Bichebeiere engeträt es, eich aach. Doch erscht emo muust ma die vier Joahr em Emil seina Klass gut iewastehn. Dat war net so schwer gewääs. Bei de ällere Leit em Doref war de Emil net so gut aangesiehn. Dä war däne viel zu weich on zu noogiebich. Die Alte ware et noch gewient, vom Schollehrer alsemoo merrem Stecke vakloppt se wäre. Dat hots bei uus en da School awwa nemme gen.

De Emil hot gäre on ganz viel met uus rechene geiebt, Kopprechene on met Rechenkaarte. „1000 wenicha 47" horra en die Klass erenn geruuf, wenn er mo offed Deppsche muust. Dann horra met seinem Finga of äne en da värascht Reih gewies, on dä hot dann aangefang laut se rechene: „1000 wenicha 47 es neinhonnatvieron... nää: 953!" So esset dann die ganz Reih noo henne doarch gang on von doo ous wiere noo voore. Wenn am Schluss die Zahl 13 an da Tafel gestann hot, war de Emil zefriere met uus. Er hot awwa aach viel Deitsch met uus Schoolkenn gemach on die Klassiker von Goethe on Schiller met uus geläs on besproch. De Zauberlehrling z. B. on die Glocke hon ma grendlich geläs on zum Dääl aach ousewennich geleart. Aach die Nibelungensage mit däm Goldschatz em Rhein bei Worms on met däne Hauptfigure wie Siegfried, Brunhilde, Krimhild, Gunder, Hagen on Gudrun homma sesamme en da Klass geläs on aach manchmo e bissje devon vastann.

Jed Joahr noo de Krombeereferie es en Kreppespiel engeiebt wor, wat dann em Beetsaal for da vasammelt Gemän offgefoort wor es. Talente ware ma all net, bes of Äne: Schmieds Reinhold, dat war en richdicha Vortrachskenstler. Dä konnt sich gut en so en Theaterroll erenndenke, on sich met bassende Betonunge on ganz vawonnalichem Auerolle so ausdrecke, dat die Leit ordelich Beifall geklatsch hon. Et es schad, dät dä nemme bei uus es. Wie 8 Johr romm ware, on meer alles konnte on gewosst hon, wat de Lehrer konnt on gewosst hot, sen ma ous da School entloss wor. Dann es jeder von uus seine Wäch gang.

Bichebeiere von ueronna

Wenn ma schon länger en Schleswig-Holstein wohnt wie
en Bichebeiere, dann guckt ma of dat Doarf schon allän
deswäe von ueronna, weil de Honsreck of da Landkaart
onne, on S-H ue leit. Net noor deshalb es die Iewaschreft
so scheinbar iewaheblich gewählt.

Aach spära, wenn ma hei onne of däm schene Erdbäll-
che seine Platz endgeltich geräumt hot, weil se ään loo
nemme hon wolle, on weil ma aach lang genuuch am
Disch gesess on seine vom Liewe Gott zugedaachte Platz
belaacht hot, guckt ma von ueronna of de Honsreck.
Nederlich noor dann, wenn ma en seinem Läwe aach brav
gewääs es. Warscht de dat net, dann guckst de von onner-
off of de Honsreck on of die Krombeeresticka von Biche-
beiere on däne annere Dearfer.

Worom eich gäre of Honsrecker Platt schreiwe? Die
Sprooch hon eich von Grond of geleert on schon als kläna
Buu geschwätzt, wie eich noch net schreiwe konnt. Wie
ma dat dann awwa en da School so noo on noo geleert
hon, muust ma Hochdeitsch schreiwe on naderlich aach so
schwätze. On richdich schreiwe muust ma aach.
Watt richdich on watt vakehrt war, dat hot de Lehra
bestemmt. Dat hot ma domols gar net gefall, on dodemet
homma schon die Antwort fon of die Froo, worom eich
gäre of Honsrecker Platt schreiwe. Awwa do gets noch en
Grond: Die hämisch Sprooch kennt ähnzelne Worde, die
en ganze Zustand beschreiwe, fo dän ma of Hochdeitsch e
paar lange Sätz vawenne miest. Eich denke do z. B. an dat
Word "Flabbes", watt eich mo en zwo besonnere Offsätz of
Platt on of Hochdeitsch ousfehrlich erklärt hon. Heert sich
die Version of Honsrecker Platt net viel grefficher aan wie
die of Hochdeitsch?

Wenn ma so schreibt wie ma schwätzt, gets dodefor kä
Rechtschreibrächele wie beim Hochdeitsche. Doo kann ma
schreiwe wie ma well, kääna kann ääm ebbes vorhalle. On

wenn dä än en Word annascht chreibt wie dä anna, dann wohne die zwoo vielleicht en vaschiedene Derfer. Dat es schommo so, dat em Nobaschdoarf e bissje annascht geschwätzt werd wie dehääm. Wenn ma dann aach e bissje annascht schreibt, dann es dat noch lang kää Fehla.

Mei Erennerunge stamme so ous de foffzischer on sechzischer Joahre vom vorische Johrhonnat. Fo die junge Leit es dat vielleicht lang her, awwa fo meich es dat wie gester. Et geht ma aach dodrom, die Leit, wo domols em Doarf geläbt hon, nochemoo met ehre ganz persenliche Besonnahäte en Erennerung se rufe, on aach ehr Zeit met däm ganze Drommerom, hout dät ma saan, met däm wertschaftliche, soziale on gesellschaftliche Hennagrond, en Gedanke wiere offläwe se losse. Dodemet soll jedem, dä weile hei seine-Platz hot, klargemach wäre, dät end offd anna offbout, net noor en da Technik, aach bei de änzelne Leit en alle Häisa on alle Familie es dat so.

Henne Hous   Fotos: E. Voges

Einer
von uns

Dä Fluuch iewad Doarf

Träme dut jeda joo moo. Manche Kenn träme en da School on manche Männa on Fraleit träme en da Keach, on manche träme aach ganz ohne Grond so en de Daach enenn. Dat mään eich awwa weile net. Eich mään so en Draam en da Naacht, wenn ma eichentlich schloofe sollt. Eich träme aach alsemoo, net so oft, awwa wenn eich träme, dann esset merchdens richdich spannend, on dodevon well eich ouch weile moo vaziehle.

Do hon eich doch schon zwei Mo geträmt, eich dät em Zirkus setze, em Zirkus Althoff, dä en Bichebeiere offem Sportplatz sei groß Zelt offgeschlaan hot. Dä hat Löwe on Elefante on en Haaf Artiste, die wie die Affe an änem Sääl eroffklettere on ue iewa de Käpp von de Leit ehr Konststecka mache. Se schoukele on schwinge offem Trapez hien on her, on of ämo machen se en Satz dorch die Loft on lande of däm annere herbeischwingende Trapez.

Wie eich dat gesiehn hon, es ma äämo ganz annascht wor, on eich hon gefielt, wie eich selebst joo aach aanfänge se flie. Wie en Vool flie eich, net grad so flatterich wie en Spatz ore en Meisje, eha wie en Häwich, ore en Adla, ore en Möw. Doch Möwee gets joo hei garnet. Eich hon äänfach mei zwoo Aarme ganz weit noo de Seite ousgestreckt on sen so, ohne mich viel ansestrenge, so grad iewa die Tornhall on die Juchendherberch gesegelt. Dann hon eich onne de Hecker-Jupp beobacht, wie er of seinem Huub die Maschine gebotzt on met da Fettpress abgeschmeert hot. Dä hot sich net steere geloss. Et Wäre war gut, die Sonn hot geschien, on e paar Wolke ware am Hiemel. Eich hon mich dann en da Loft so richdich sicher gefielt on sen of Beckasch Heh gefloh. Domols es doo noch Brot geback wor on Weck. Beckasch Kort war met seina noua Tankstell beschäfticht on die Emma-Good hot wie emma en ehra Wertschaft gestann.

Wenn eich hät kenne do erengucke, dann herrich dodren bestemmt de Adams Dick, Büttnasch Richard ore äna von däne zwo Gasse Bue gesiehn, de Günter ore de Guka.

Von da Heh sen eich weiere gefloo iewa die Stecka an da Enkericha Strooß on Dokdasch Gaade. Eich konnt gucke bes no Loutze, wo domols de Fluchplatz noch em Bou war. Do hon eich noch grad de Hans Löcherer entdeckt, wie a von Beckasch häm gang es noo Darlens Häisje am Hepperich, wo dä moo en Zeitlang gewohnt hot.

Of de Stecka ronderom hon die Bouere die letzte Rommele on Kohlrawe ousgemach, met de Häbe dat Krout abgehau on dann met de Gawele die Dinga of de Waan geschmess on hämgefahr. Hie on doo hots emo gequallemt, do sen die därre Krombeeresteatz vabrannt wor, on die Kenn hon die Krombeere, wo se noch of dä Stecke fon hon, em Foua gebroot. Von ueronna konnt eich joo gut gucke on hon dann aach gesiehn, wie bei Wänasch Oskar an däm Daach en Sou geschlaacht wor es, nommedachs hot se noch of da Läda gehonk. De Oskar war domols Vorsteher, on bei däm hon eich friea emma die Schwänzja von dä gefangene Moldehaf abgenn. Sei Fraa, Dat Luwiss, hot dann of seina Lest bei meinem Name en Strich gemach. Am Bichebeierna Fest hots fo jed Schwänze dann 50 Penning gen.

Bissje onnedraan hot de Klein-Maddin vor da Autowerkstatt offem Huub gestann on met seinem dicke Bouch dä groo Schaffkierel als gän dä oschärisch alt Köhla gehall, als wollt da däm sei viele Eelflecke vamache. Dat Liesel hot vom Fensta ous däne Zwoo zugeguckt on ousnahmsweis moo neist geschwätzt. Bouasch Hucho war grad met seina NSU-Quickly hämkom on hot sei schwer Handwerkstasch vom Gepäckträha abgeschnallt. De Hucho war joo Schachtmästa em Doarf on aach Boua. Ähnlich wie meine Oba, dä e bissje onnedraan gewohnt hot, on an däm Daach bestemmt en seina Werkstatt geschafft hot. Henna däne Garde sen domols grad die große noue Siedlungshaisa gebout wor. Zwoomo sen eich iewa dat ganz Gelände gekrääst, awwa von dä Meiere hot mich käna gesien. Von hei ous war gut iewa de Wiesegrond se gucke, bes ronna end Häfeld on de Nierewella Wald. Brieffillips Emma hat grad de Huub gekeart on weile hots bei Fellenzasch Kallinche gestann on geschwätzt. Bei Schneierich en da Betz war dat Berda beim Wäschofhänge fo die se treckele.

Of Hanjobs ehrem Huub hot de Albert seine noue Röhr-Bulldog vorgefohrt, on de Schuche Wellem on dat Elsa hon mem Gustav, däm Mahle on däm Erna debei gestann on gestaunt. An Gasse ehra Ramp ware zwoo Männer grad dodemet beschäfticht, große viereckiche Eisstange von ehrem O-pel-Blitz abselaare on schnell en de Eiskella se vafrachte, dat se net geschmolz sen. Die hot ma gebroucht, fo dat Bier se kiele. Uedraan an da Shell-Tankstell hot Geibs Fred grad sei Moped betankt. Aach Gasse harre domols noch en Tankstell gehat, eich gläb die war von Gasolin. Bei Franze hennam Hous war de Aja-Ernst met seine Biene beschäfticht. Sei Dreirad-Audo harra voore offem Hub an da Seit stehn, däts de annere beim Schaffe ous de Fieß war.

Näwedraan hot Jäbe Rudel schon de erscht Mest of de Waan gelaad, on de Beckernickel war met däm alte Büttna an da Strooß am Despedeere. Vielleicht hon se sich grad iewa die noue Stroßelampe onnahall, die weile em Doarf so alle 150 Meter offgehonk ware.

Woo et links noo Nierewella on Wahle ronna geht, war domols noch Schärich ehr alt Hous, genau näwa Kunze ehrem. Loo war kä Mensch se siehn, bei Kunze kä Hermann on kä Gertrud, bei Schärich kä Manfred on kä Ida, wahrscheinlich hon se all noch of de Stecka geschafft. Et war joo aach noch net so spät, noch weit vor da Omend Glock. En de Wiese henna de Haisa konnt eich hie on doo siehn, wie die Kenn of de Lädere gestann on en de Bääm gehockt, on die Äppel on Beere gebroch hon. Die ware weile scheins zeierich.

Sattlasch ware grad met ehre Rommele hämm komm. De Heinrich hot die Kieh ousgespannt on dat Wieni hot se en de Stall gefohrd. Vor Kaasch ehrem Hous hot en Lastwaan von de Ami gestann on ous däm rächte Seitefensta hot so en besoffena Kerl de Kopp erous hänge geloss. Eich gläb, däm war et net so gut. Kaasch Kett hot domols en Kaffee betrieb, em Doref hon se all gesaat: "Kaffee Hemdhoch".

Näwa Kaasch hot noch Schelasch ehr alt Hous gestann, do hon meer friea selebst moo dren gewohnt. De Joh. Wolfgang von Goethe soll do joo aach moo iewanaacht hon. Awwa dodevor hon eich von loo ue aach kä Beweissteck fon.

Näwedraan beim Darre esset rond gang. Do hot schon de Dämpa offem Huub gestann. Met däm sen em Herbst die Seikrombeere fo de Wenda engedämpt woor. Dat hon noor die große Bouere gemach, die wo viel Krombeere se vaschaffe, on aach viel Sei se fierere harre.

Uedraan, beim Nau seinem Friseerlaare, hot de selvane Della drouß gehonk on em Backes war dat Brot fo hout all schon feddich geback. Am nächste Daach war scheins Bouasch Paula on et Gertrud draan met Backe. Die hon weile schon moo mem Lädawähnche ehr Reisa beigefahr.

Vorm Bätsaal war grad en Haaf Kenn vasammelt. Die wollte bestemmt en de Onneriecht on hon of de Parre gewaat, ore se ware mem Onnericht grad feddich woor. De

Parre hat nomedachs offem Keachhub jemand begraab. Eich konnt noch siehn, wie de Gemänediena Wegert dat Grab zugeschäppt hot, wat wahrscheinlich Eberhards Ernst met da Kreizhack on da Schepp vorher ousgegraab hat. Domols es als vom Gesangverein ore von de Fraaleit am Grab noch en Lied gesung wor, on von jedem Hous es emma äna met da Leich metgang.

Wo hout die Volksbank ehre Parkplatz hot, war domols noch Casparys ehr alt Hous gewääs. Offem Huub hon zwoo Lädawähncha gestann, met däne die Fraaleit ore die Kenn vom Doref ehr leere Dose braacht hon fo ueromm abscheiere se losse. Dat hot dat Ella ore dat Ruth merra Maschin gemach. Dann konnt ma noom Schlaachte wiere Woarscht on Schwademae renfelle on nochemoo frisch enkoche.

Bei Nickels waren se met alle Mann debei, en da nou Schoua die Rommele abselaare. De Ernst ond Marieche harre noch net lang vorher Koorde ehr Hous kaaft on ware met ehre 3 Kenn dohien omgezoo. Uedraan bei der nou Miel war hout neist loos. Die war scheins grad kabutt, awwa Legrams Adolf hot draan geschafft on se wiere en die Reih geroff. Aach of däm hennaschte Huub vom Stierstall, wo ma net so gut hiengucke konnt, war et ruhich. Vielleicht hat dä Gemänestier hout seine Ruhedaach gehat, wer wäs?

Dat selwe of Perisch ehrem Hub. Die Bouere ous da ganz Gächend hon ehr Ferkelsei doo emma hienbraacht bei de Bär, wenn se kläne Ferkel krie sollde. Awwa aach hei hots fo meich neist weiere se gucke gen wie et Maale on et Guste en ehre bloe Kittelschorze em Gaade hennam Hous. De alt Fretz war sicher grad ennewennisch gang on hot seine Schnaps getronk. Dat war fo dän en Hauptbeschäftichung. An Henne harren se all se duun: Dat Elli hot wiere met däm Hans geschennt, et Els hot de Huub gekehrt on die Oma hot offem Melikstuhl hennam Hous gesess on en Hinkel geroppt. Dann konnt eich noch siehn, wie offem Freie Platz Bienewellems Erwin met seinem noue Opel Kapitän ganz forsch vom Inkawäch eronna aangesoust kam, on dän exakt näwa däselwe Opel Kapitän von Gerhards Hans gestalt hot. Dann es de Erwin ousgestieh on hot sich gefreit, därra dat so gut dehienbraacht hat. Dat Auto horra aach als Taxi benotzt, wenn end gebroucht woor es. So näwebei hot de Erwin aach em Doarf de Krankewaan gefahr. Dä hot awwa an däm Nomedaach bei ihm vor da Bahnhubswertschaft offem Huub gestan.

Et hot noch emma so en leichte Westwind gang, on eich sen aach weiere ganz ruhich gradous en Richtung Brandeweiha gefloo. Ma kann aach saan, eich sen geschwebt ore gesegelt, wie dat hout so die Paraglider mache. Awwa eich hat käne Gleitscherm, noor mei Arme on Bään. Aanhalle konnt eich net, dann wär eich bestemmt eronnagefall. Onna meer hon Schelawellems Ruth, dat Hetti on de Werner offem Huub sesamme die viele Walness von däm große Baam met de Hänn offgeroff, on de Helmut hot an seinem 11-er Deutz erommgebosselt.

Gäniewa beim Albin Fink war e paar Daach vorher engebroch wor. En da Houswand ous Fachwerk on Lähm an da Bach no Henne zu war noch emma dat rond Loch se siehn, wo die Kerl renkomm sen, on die Bolizei war met ehra Aawed noch net ganz feddich. Wer kann sich noch an dat Textilgeschäft erennere?

Aach bei Kramasch es geschafft wor. Dat ware awwa noch die alte Kramasch, de Richard Kramer, wo aach meine Schoolfreind on spädere Lehrlingskolläch bei da Volksbank en Kerberich, de Otto Wegert, noch gewohnt hot.

Uenous, no Eiche Heh eroff, harre bei Bouasch on Posjaaps die Fraaleit em Garde se duun, on de Arno hot grad däm Hacklänna Hans an da Stäänkoul geholef, de Bendemäha en dä selebst gebosselt Schuppe rensedrecke.

Of da anna Seit konnt eich de Kulessa of Eiche ehrem Huub erommfoorwerke sien. Dä hat domols schon Plän gehat, fo an de Wahlawäsch oussesiedele. Mei alt School on die Wendaschool hon ruhich doo henna de große Lennebääm gestann, wie hout aach, wat sollten se aach annascht mache.

Von ueronna sien die Häisa ganz dunkelgroo ous, dat kemmt von dä viele Lajedächa em Doarf. On manche Häisa sen aach an de Seite noch met Laje beschlaan. Henne, offem Schoolhub, hot Grassmanns Ernst ganz allän die Säck met Kali on Kalkamoonsalpeter von seinem dunkelrore 3,5-Tonner Ford LKW abgelaad on en die Schoua von da LHG getran. Zu uuse Schoolzeite hon meer große Bue en da Pous ihm dodebei alsemo geholef.

Weiere roff war noch dä alt Kennagade, on denäwe hon noor noch Feldekaals, de Powazinsky met däm Schüttelgretche on de Forschda Fuchs met seina junga Fraa gewohnt. Die Fraa hat eich vorher schon von ueronna met ehrem dicke Bouch on da Tasch end Doorf gehn gesiehn fo bei Schelasch ebbes se kaafe. Ehre Bouch es jede Daach dicka woor. Die Frau Fuchs war iewahaupt die erscht Fraa, wo meer Bue so Bechääd gewosst hon.

Dat Gretche hot met seinem Staubduuch ousem Fensta gewunk, hon eich gemäänt, awwa et hot noor de Stebb ousgeschiereld.

Weile war dat Doarf am Enn, on eich muust en Kehr no räächts mache. Dat hot geklappt wie em Traam, on eich konnt mich iewa Dokdasch Villa noo da Post zu on dann noom Bahnhub zu wenne. Do es grad met viel Damp ousem Schorchtel en Zuuch en Richtung Sohre abgefahr. Offem Bahnsteich hot äna däm Lokfehra die grien Seit von seina Pletsch gewies. Onna der groß rot Bahnkapp konnt eich net so genau erkenne werds war. Entwäre war et Fellenzasch Wellem ore meine Vadda.

En da Molkerei näwedran war fo dä Daach die Awet scheins schon geschafft, on of da Post hon noch emma die alte Leit en da Schlang gestann, fo ehr Rente absehuhle. Dat muss so om de Erschde vom Monat rom gewääs sen, do hat Bouasch Walter on seine Kolläsch emma viel se duun gehat.

Weile hon eich nochemo en Kehr gemach on sen iewa de Inkawäch eronna geschwebt. Bei Wickerts vorm Hous sen die Leit, wo grad mem Zuuch ous Herschfeld ore Hoschied komm ware, vom Bahnhub ronna bei de Dokta gang. Om die Zeit war bei däm noch ordelich Betrieb. Sei Housbesuche hon erscht spära gään Omend aangefang. En da Kehr zwische däm Dokta seina Villa on Ochse muust eich gut of die hohe Bääm offbasse. Von onneroff konnt eich die Maschine ous däm Fretz seina Werkstatt heere. Awwa vielleicht kam dä Krach aach ous Seiwels ehra Schreinerei.

Dann war eich schon iewam Schmieds Dick seinem Hous, näwe däm Bulles. De Dick hot wie merchdens met seina Läreschoatz an da Strooß gestann on hot met de Leit, wo bei de Dokta gang sen ore von do kaamde, deskereerd. En seina Schusterwerkstatt harra an däm Daach scheins neist me se duun gehat.

Of da anna Seit von däm hubbelische Inkawäch war an Bores vor da Schmitt, Perisch Rapp aangebonn. Dat war Perisch ehre Goul, dä bei däne als Äänspänna so lang de Waan on de Pluuch gezoo hot, bes de Artur seine 17-er Lanz kriet

hot. Bores Ernst on de Kort hon däm Goul grad noue Huf-
eise aangebasst. On eich kann ma denke, dät de Ernst sich
schon ennerlich drof gefreit hot, gleich denoo met seinem
dicke Bouch de Inkawäch eronna bei Scheelasch Helga en
die Wertschaft se gehn, fo doo seine Schnaps se trinke.

Of Hambadels ehrem Huub hon de Otto on dat Hedwich
de Plattwaan merra frischa Fohr Klee de Huub eronna en
die Schoua rengeloss on die Omendglock hot von da Keach
eronna aangefang se schlaan.

Weile es von onneroff Ebehards Luwwis ganz offge-
räscht ousem Hous gerannt komm on hot douand met seine
zwoo Arme no ue gewies on geruuf: "Loo ue flieht äna, dä
es net richdich, eich gläb, dat es Henne Dieter!" Von der laut
Pläätzerei von däm Luwwis sen eich sofort wach wor on
hon mich selbst ganz friedlich en meinem warme on wei-
che Bettche so vorfonn, als wär neist gewääs. De Fluuch
iewa dat Doarf war weile am Enn, eich hat viel debei erläbt.

Büchenbeuren (Rheinland)
Postkarte ca. 1930

De Backes on dat Bouerebrot

Frieher, wie et im Doref noch en Backes gen hot, do hon all die Leit ehr Brot selebst geback. Jo, all grad net, awwa die, die aach e bissje Landwertschaft harre, on dat ware die merschte. De Backes hot mette im Doref gestann, dat ach jeder gut hinkom es, on uedroff war en Glock fo de Vorstea, wenna die Leit sesammerufe wollt. Ennewennich hatt de Backes zwo Ue, in däne ma backe konnt, äner fo die Leit ousem Iewadoarf on dä anna fo die Leit ousm Onnadoarf. Vore an da Stroß es ma dorsch en brät Dehr rengang, on ronderom war dä Roum met stabile, fest offgeboute Disch engericht, of die ma sich ach droffsetze konnt. Die ganz Enrichtung war forschbar schwaz vom viele Ruß on Qualem. Iewa dä zwo Backue on onna däm Gläckche offem Dach war noch en Onnerichtsroum, dä zeletzt als Berufsschool benutzt wor es fo die Bue on Mäd, die eichentlich neist gelehrt harre, awwa noch en die Berufsschool gehn muuste.

Ganz fria harre ma jo noch zwo Miele em Doarf, die iewerscht Miel am Walerwäsch on die onnersch Miel henna Gasse Heck no Nierewella ronna. Alle zwo sen met Wasser betrieb wor, on et war emma scheen, wenn eich mit meinem Oba on dem Lädawähnche dohin gefah sen. Eich kann meich noch gut dodran erennere. Awwa dodeno hots nor noch die elektrisch Miel am Stierstall gän, wo ma gleichzeitich ous Kor ore Wäz sei Mähl mahle on die Gerscht fod Vieh schrore konnt.

Jo, eich wollt ouch awwa vom Backe vaziele. So alle verzehdach bes drei Woche es also bei de Bouere geback wor. Dodefor hot ma naderlich nor sei aie Mähl gehul, wat ma dann am Omend vorher schon met däm Däsem vom letzemo on da kaaft Heb met e bissje warm Wasser ous däm Scheff vom Kicheherd mit ebbes Salz in da Backmuhl angesatzt hot. Dat war emma die Awet von de Fraleit, deshalb wäs eich net me so ganz genau wie dat gang hot. Eich gläb awwa, se hon aach nor Brotmähl gehul, kä Weiß-

mähl, wat ous Wäz gemach wor es. Dat war nor for de Ku-
che, den et jede Sonndach gän hot. Beim Brotmähl es de
Souadeich ganz wichdich for dat Gähre von däm Deich, die
Heb allän kann dat net mache. Deswähe es et aach so wich-
dich, dodevon emma ebbes iwerisch se losse, se dreckele on
en en Säcksche se felle on an dat Fenster en da Kichekaamer
se hänge. Manichmo gehn zwar die Meis e bißje dran, awwa
dat schmeckt däne aach net so richtich, on so bleibt genuch
iwerisch for dat nächste Mo se backe.

Gemänehand hot ma so 8 bes 10 Brode of ämo geback, je
no däm, wie viel Leit ma am Disch sitze hat. Em Suuma hot
ma me Brode geback, weil ma do wäe da viele Awet off de
Sticka on de Wiese net so viel Zeit hat for andouand se ba-
cke. Dann kam et alsemo vor, dat die letzte Brote en da
Bankkist e bißje schemmelisch wor sen. Dat war awwa net
so schlemm, ma hot dann änfach dä Schemmel abgeschniet
on de Sey gän, dat wat noch gut war, hot ma dann gäß.
Weile komme ich schon wiere vom Backe ab, et get jo aach
so viel se vaziele! Die holzene Backmuhl war bei so viel
Deich ganz scheen voll on fo die Fraleit muss et ganz schwer
gewääs sen, mit de zwo Arme on Hän de Deich so lang se
knete bessa gut war on erscht mo gehn konnt. Merschdens
hot dat ach die Jungefra mache misse on die Schwermotta
hot offgebasst, dat se dat aach richtich gemach hot. Die ganz
Enrichtung hot emma en da Kisch näwe dem Herd gestann,
weil de Deich do am beste gehn konnt. No so e paar Stonn
hot ma dän dann sesammegekloppt on nochemo met de
Arme on de Hän ordelich gemengt. Erscht dodeno sen än-
zelne Porzione drous gemach wor, so groß wie Kenskäpp,
die dann en die Rempscha ous Stroh komm sen, die awwa
vorher merrem frische Kichehanduch ore em annere weiße
Labbe ousgelaacht ware.

Weile sen se offed Lädawähnche gelad on en de Backes
gefahr wor. Det ma iewahaupt soviel Brode of ämo droff
kriet hot, must vorher die Läda ous da Schoua, die of dat

erscht Christ gang es, gehuul wäre. Die war so an die zwo-meterachtzich lang on es of dat Wähnche de Läng no droff galaacht wor. Wenn se fo all die Rimpscha mit de Brote net lang genuch war, kamde die restliche onnedronna näwe de Äma mit da Berscht on dem annere Krom, den ma beim Backe so gebroucht hot.

So zwo Stonn vorher awwa muust ma em Backes de Ue anfänge. Dat hot bei uus merschdens die Oma gemach. Weil ma jo gemänehand met annere Leit en änem Ue sesamme geback hot, hon von jedem so zwo bes drei Schanze Reisa gelangt, for de Ue se heize. Dat ware dann sesamme so fia, fönnef Schanze mit trockenem Holz. Ma muust do schon debei bleiwe ore zwischedorsch emo gucke gehn, weil dat Foua jo richdisch brenne on de Ue aach gleichmäßisch heize sollt. Wenn dann die Jungefra met de Kenn on däm Wähnche met de gefellte Rempcher em Backes war, es die Glut met da Kest ous däm Backue geschorr wor, alles no vore, wo die schwaz Klapp ous Eise war mit dä zwo Gäegewichte, die ähm geholef hon, die Dehr annem Holzgreff no ue se drecke. Wenn ma dann dä Haaf Glut met däm kläne Dreiecksbrätche an der lang Stang ganz ous däm Backue rausgeschorr hot, dann hot dat emma Funke gän wie farekt. Die Glut es dann aach gleich met Wasse ouse de Ääma gelescht wor, weil ma dodevon jo aach noch die Holzkuhle hon wollt.

Weile wosst ma jo net, ob de Backue wam genuch war ore vielleicht aach schon zu wam. En Thermometer horret do net gen. Dann hot ma zwo, drei Gerschteähre senkrecht en en Ress von da Schieß gestobbt, on die dann am lange Stiel in däm ganze Backue romgefohrt. Die Ähre muuste dodebei scheen broun wäre. Wenn se schwaz wor sen ore sogar noch e bissje geflemmst hon, war et noch zu häs fo se backe.

Offem Borm vor däm Backue hot die Holzkuhl noch gedämpt on es erschtemol en dat Loch onna däm Ue geschubbt on geschäppt wor, dann war die alsemo ous de

Fieß. Weile kam die Schieß zu ehrem richtische Ensatz. Ä Rimpche no däm annere es von äna Fraa erumgekippt wor of dat Bräät von da Schieß, die anna Fraa hot dann schnell met ehrem Finger en Loch ore merrem Katebliedsche en kläne Ress en die Medde von däm nackische Brotdeich gemach, on dat ganz Brot dann ueriewa met da Berscht ordelich nass gemach. Dat drett Fraamensch hot weile dat Brot dief en de Backue bes hennehien erengeschubbt. So bissje Platz muust zwische de Brote noch bleiwe, weil se sich jo noo alle Seite noch ousgedehnt hon. Manichmo sen ach zwo sesammegang, wat awwa net so schlemm war.

Wenn samsdachs geback wor es on wenn noch Platz em Ue war, sen am Schluss noch e paar Kuche debeigeschubbt wor. De Kwätschekuche, de Kremmelkuche on de Bereflare ware emma am beste, die sen alledrei ous Hepdeich gemach wor on hon besonnarsch morjens zum Kaffetrenke am beste geschmackt.

No so annathalb Stonn war et soweit, die Brote muuste dann feddich geback sen. Manchmo, wenn de Ue änseitig beheizt war, sen aach e paar Brote so uedriewa bissje schwaz wor. Die Kuche sen awwa vorher schon rousgehul on hämgefahr wor, net nor weil se vore gestan hon, die ware änfach fria fädisch.

Die scheene broune, ronde Brote met däm Loch ore däm kläne Reß uedroff sen weile of däm Lädawähnche hämgefah wor, wo se dann en da Kisch wie Biecher en die Bankkest gestalt on merrem alte Bettduch ore ebbes annerem zu-

gedeckt wor sen. Die Padie muust dann so lang halle, bes wiere die Rei and Backe kam. Zum Schluss hon de Oba on eich die kalte Holzkuhle em Backes en Äma geschäppt on aach met däm Lädawähnche hämgefah, de Opa hot vore an da Deichsel gezoh, on eich hon henne gedreckt.

Mitdm Oba offem Michelsmaat

Wie eich noch klän wa, do hat eich zwo Obae in Bichebeiere. Dä ään war Schneiere on hot em Uadoarf sei Hous gehat, on dä anna war Klempner on hot em Onadoarf gewohnt. Naderlich hat eich aach zwo Omae, wo aach die ään im Uadoarf on die anna em Onadoarf gewohnt hot. Aach hon noch annere Leit en däne zwo Heiser gewohnt, z. B. mei Eltere en däm, wo de Blechlasch Oba gewohnt hot, on wo aach sei Klempnerwerkstatt dren war. Dat Hous von meinem annere Oba, dä Schneiere war, hot ma "Henne" genannt, on do hon noch zwo Tande, de Jupp on en Unkel von meer gewohnt, die awwa all kä Kenn harre. Domols ware nächst all die Leit im Dorf kläne Bouere, dat häst, se harre all a bissje Landwertschaft gehat, ach dann, wenn se ousadem noch en annere Beruf ore en anna Awet harre.

Die Hieb ware all net groß, awwa die Awet muust emma gemach wäre. Em Suuma hot dat mojens schon bei Zeit angefang, wenn die Kie em Stall geplääzt hon for Hunger. Dat war schon wenn et hell wor es, on vor däm die Kenn in die School gang sen. Wenn dat Fierere en de Ställ dann iewaall so em Gang war, dann hon aach noch die Sei gequiekt on gegronzt, on wollte aach ebbes se fresse hon. Nor die Hinkel em Särel hon gewaat bes se fisedert ware on eraus dorfte en die Bez.

Die Kie sen domals gebroucht wor, fo de Waan se ziehe on naderlich aach wäe da Milich, die se gen hon. Em Frijohr on em Suuma hon se net nor brav de Waan gezoh, ach de Grubba, die Äh on die Sähmaschin for dat Koor, de Wääz, die Haawa on die Gerscht aussesähe, muusten se iewa die Sticka schlääbe. Aach hon se de Pluuch gezoh, wenn die Sticka umgefahr on die Krombere im Friejohr gesatzt wor sen. Em Suuma dann hot ma se vor die Mähmaschine gespannt, met däne ma dat Gras of de Wiese gemäht hot for Haau se mache. Wenn dat vabei war, war et schon wiere Zeit fo die Wendageerscht on iewahaupt for dat Koorabmache, on zwischedoarch aach fo de Krommet. Alles muuste die Kie of die Sticka ziehe on von de Sticka häm of de Huub on en die Schouere, en die Heiser on en die Keller. On net se vagesse, zwischedorch muust de Puul on de Mest ausgefahr were, wat emma en schwer Stick Aawet gewääs es, fo die Kie on aach fo die Leit.

So war et also kä Wonna, wenn so en Kuh beim Melke net so viel Milich gen hot. Doch die Leit harre all so zwo bes sechs Kie en de Ställ stehn, on konnte von dä Milich merchtens noch ebbes an die Molkerei em Ingawäch vakaafe. Dat hot so gang, dat dä Dääl von da Milich, die ma abgen wollt, omens on mojens en die große 15-Literkanne ous Aluminium erenngefellt wor es, die ma dann mojens bei Zeit of die nächst Milichbank em Dorf gestallt hat. Von do es se dann emma von dem Milichwaan abgehuul wor, dä von zwo Geil ore vonem Bulldog gezoo wor es.

Ei, war dat fo meich manchmo so scheen, wenn em Wenda Schnee gelään hot on die Geil on die Bulldeg met däm Waan voll Milichkanne hennedraan de Ingawäch eroff fahre wollte on end Retsche kame. Dann hon eich ma die Vorwerkerei on die Schennerei of da Strooß von da wam Stuu ous angeguckt, die jo aach die Schneierewerkstatt von meinem äne Oba war, on hat meine Spass.

Änes Daachs, et war so anfangs Oktower, es meine Blechlasch Oba met meer met dem Zuuch no Kerberich of de Michelsmart gefahr, for do en nou Kuh se kaafe. De Suuma war schon erom, on weile kam die Zeit, wo die Kie nemme so viel schaffe muuste. Die nou Kuh sollt for allem e bissje mee Milich gen wie die annere zwo, die dehäm em Stall gestann hon.

Eich war do so um die zähn Jahr erom alt on meine Oba vielleicht so an die 70. Wäe da School ware meer erscht meddachs dehiengefahr, on muuste am selwe Daach aach nochemo hämkomme. On so semma dann offem Kerbericher Maart von änem zum annere Viehhännela gang, on hon us dat Viehzeich genau aangeguckt. Scheene Kie ware dodebei, viel scheener, wie se bei meine zwo Obae en de

Ställ gestann hon. Manche ware sogar scheckisch, also bond gefleckt met meh Farwe, met rot on met schwaz. So ebbes hat eich noch net gesiehn. Do es dann viel geschwätzt wor on deskerert, vahannelt on eromschwadronert, endlich awwa harre ma en Kuh fon, die us gefall hot, meinem Oba on meer aach. Eich wäs noch gut, wie de Akt gemach wor es. De Hännela hot seine Preis gesaat, den a hon wollt, on gleichzeitich die Hand so in da Heh von seinem Bouch off-gehall fo enseschlaan, mit da Handfläch no ue. Awwa am Aanfang von dem Hannel war meinem Oba de Preis noch zu hoch on ma sen dann wiere fot gang on hon so gedoon, als wollte ma noch ebbes anneres aangucke. Dann kam dä awwa hennerher on es met däm geforade Betrach emme me eronna gang, bes meine Oba en die emma noch ousgestreckt Hand engeschlaan hot. Dotemet war de Akt gemach on die Kuh war uus. Hout dät ma saan, "der Kaufvertrag war rechtsverbindlich abgeschlossen und die Gefahr ging auf den Käufer über".

Weile homma loo gestann, meer zween on die nou Kuh met däm scheene glatte retlichbroune Fell, mette en Kerberich offem Martplatz zwische da Abodeek on däm Rothous. Meer harre kä Reckfahrkart em Seckel. Met där nou Gesellschaft härre ma aach gar net met da Bahn hämfahre kenne. Meer muuste die 11 km no Bichebeiere also zu Fuß gehn, de Oba, eich on die Kuh aach.

Fo se esse on se trinke harre meer zween us ebbes von dehääm metgenomm, on de Oba hat aach noch en Stombe em Moul, of däm a erumgekout hot, on dän a an däm Daach emma wiere nou merrem Streichholz aangemach hot. Dat war fo ihn noor so en Ablenkung, eichentlich horra jo gar net so stramm geraucht wie die annere Mannsleit. De nächst Wääch no Bichebeiere war domols, wie hout aach, doarch die Stadt, eronna no Kostenz, von do an Nieresohre vabei, doarch Sohre on dann no Bichebeiere. De Oba hot gesaat, "eich fehre vore die Kuh am Halefta on dou gehst met deinem Stecke henne on bast of, dat se net stehn bleibt". So homma uus dann en Wääch gebahnt doarch die eng Strooß, wo noch emma die Stänn met allerhand Geschärr offgeschlaan on die Hännel em Gang ware. Erchtemo wollte ma die Serbentine von da B50 eronna bes no Kostenz komme on dann en Pous mache. Do homma dann uus Schmeere gess on die Kuh konnt ach e bissje Gras fresse on ous däm Bach soufe. Wie se dodemet fertich war, hot se sich äänfach hingelaacht. Wat se sich dodebei gedaacht hot, wäs eich bes hout noch net.

Et war jo nemme Suuma, on die Sonn es schon bei Zeit onna gang. Also konnte meer zwo uus net no da Kuh riechte, die muust sich no uus riechte. De Oba hot dann voore an dem kläne Streck gezoh on eich hon henne mit meinem Stecke an da Kuh herumgesteckst, bis se endlich offgestann es. Vielleicht hat se gemäht, se wär for dä Daach schon genuuch mascheert. Meer harre us aach iewahaupt kä Gedanke dodriewer gemach, wie die Kuh morjens no Kerberich of de Maart komm es. Eich mähn, die wär von Hänzebach gewääs. Do muust se doch schon ganz frie noo Kerberich gedappt sen, awwa eich wääs net, wo se vorher gewohnt hot.

Zu der Zeit sen of da B50 noch net so viel Auto gefah wie hout. Awwa meer drei ware aach domols schon en ziemlich ongewehnlich Reisegesellschaft. Bis noo Kostenz ware meer jo emma de Bersch eronna gang on die Kuh war so ganz gut debei, wat aach fo us de Grond gewääs war, die se kaafe. Wie sich of dem Wäch häm dann emma meh erousgestalt hot, war se dat Gehn gar net so gewient wie uus Kieh dehäm, dodefor hat se awwa en groß Memm, die ordelich Milich versproch hot. Of da Strooß doarch de Wald gän die Sonn es se aldemo stehn blieb on meer zwo ware emma froh, wenn se von selebst wiere weiere gang es. Manchmo hot se gepraddelt ore geseicht, awwa dat doorft se aach, on et war jo aach kä Fähla. Noo Sohre zu es et erscht emo wiere e bissje berchronna gang, on im Doarf harre net nor meer, aach die Kuh hat e bissje Abwechslung gehat. Dann kam dat lang Stick de Bearch enoff no Bichebeiere, vabei am Felke, däm Gärtner on däm Sportplatz. Dat hot ziemlich hat gehall, net noor fo die Kuh, aach fo meich on vielleicht aach fo de Oba mit seinem Stombe em Moul.

Wie ma dann endlich of Beckasch Heh ware, es et schon bal dunkel wor, awwa dodeno ging die Strooß nor noch ronna bes dehäm of de Huub, wo die Fraaleit gestann hon on sich schon Gedanke om uus gemach harre. Die Kuh hot sich bei uus gut engeläbt, wat ma an der viele Milich merrem hohe Fettgehalt gesiehn hot, die sie uus dann jede Daach gen hot.

Dat Kromberekrawe

Wenn dat Koor abgemach war on de Krommet engefah, kam die Reih and Kromberekrawe. Dodefor hots en da School extra 14 Daach Ferie gen. Dat war dann emma so Mette em September, on manchmo war dat Wäre noch so gut, dat ma bei da Awet geschwitzt hot, awa manchmo hots aach geränt wie en Sou on die Krombere muuste trotzdäm ousgemach wäre.

De Waan fo de Transport war noch emma de Plattwaan, dän ma de ganze Suuma iewa jo gebroucht hot fo dat Haau en die Schouere enseduun on dodeno dat Koor, de Wääz, die Gerscht, die Haawa on naderlich aach de Krommet von de Wiese. Erscht wenn dat Kromberekrawe vabei war, hot ma die Platt vom Waan eronna gehul, dat Langfort sesammegeschubt, de Eisenahl rengestobbt on so de vaklänert Hoardewaan offgebout met dä zwo Steibe iewa de Achse an jeda Seit, an die ma die holzene Horde so schräch angestalt hot. Vore on henne konnt ma noch zwo trapezförmisch Koppdäl ous Bräre renstelle, dann war de Waan en zuena Transportkaste, dän ma spärer for die schwere Laste, wie die Rommele on die Kohlrawe gebroucht hot. An däm Hoardewaan hot henne dat Langfort e Stick rausgestan on war beschlaan met zwo Flacheise merrem Loch dren. Dat war dann en Vorrichtung, met der ma noch en Änachser wie en Sähmaschin ore en Kromberemaschin ganz hennedran hänge konnt. Bes in die Medde von da foffzischer Johr hon meer en usa Familie en Bichebeiere noch met de Kie eromgezuckelt, dodeno harre meer dann aach en kläne Bulldog. Jo, awwa weile will eich ouch vom Kromberekrawe vaziele.

Wie ma noch die Kie angespannt hot, war dat emma en schwer Awet. Doch spärer met dem Bulldog, dä jo 12 PS hat, also so stak war wie 12 Geil, war die Sach jo viel änfacher, on die Kraft war jo scheins so viel stärker wie die 2 KS von de 2 Kie. Awa wenn eich ma dat Bulldegsche so angeguckt on gesiehn hon, wie et sich de berschenoff merrem Waan voll Mest gequält hot, konnt eich net gläwe, dat dä 12 moo so stark sen sollt wie Perisch Rapp, dä Äanspänner, ore 6 moo so viel packe kennt wie Kunze Hermann sei zwo Geil.

Met ore ohne Bulldog, wenn dat Kromberekrout ganz derr on broun schlapp eronnagehonk hot ore schon bal vergang war, sen die Kromberestecka an de zwo Ahner merrem Kaascht offgegrab wor, det ma e bissje me Platz hat fo se forwerke. Beim Ousmache merrem Pluch sollt jo aach am iewerschte on am onerschte Enn neist verlor gehn ore vatrampelt wäre.

Weile hot sich gewies, wie gut ma et Johr iewa sei Steck bewertschaft hat. Nodäm so Aanfang Mai de Mest onnagefahr on die Krombere gesatzt ware, hot ma Rän gebroucht, zu viel dorft et awwa aach net sen, sonst wäre die Setzkrombere em Borem vafoult. Wenn dann dat Krout grien ousgeschlan hot, kamde en manche Joahr em Suuma die Kromberekäfer wie vom Hiemel gefall on hon an de Blere gefress. Die gestreifte Käfer on die noch net ousgewasene fette Larve hon oft masseweis onna dä Bliere on an dä String von däm Krout gesess on sich die Beich vollgefress. Dann es als die ganz Familie ousgereckt, fo dat gäl on schwaz gestreift Viehzeich met de Hän änzeln absepittele on entwäre gleich zwische de Finger se vabratsche ore en en Ämasche se dun, met däm ma se dann fotgetran on ousgeschutt hot. Wenn ma dat net gemach hätt, härre die Käfer dat ganz Krout gefress, on die Krombere em Borem wäre nemme gewaas. Aach die Destele muust ma steche gehn, met da Hän vasteht sich, sonst härre die sich iewat ganz Steck brät gemach. Dodefor hat ma en Sack om de Hals hänge, on en da ä Hand hot ma en lang Messer gehal, on die anna Hand hot ennem dicke Hänsche gestoch, met däm ma die stachelische Destele anpacke konnt, ohne gestoch se wäre. Met däm Messer muust ma fast senkrecht en de Borem rensteche, om die dief no onne gewasene Worzele wie en Sparchel absesteche, ous däm Borem se ziehe on en dä Sack se stobbe.

Manchmo hon die Kie die kläne, junge Destele sogar noch gefress, awwa die greßere moochte die aach net.

Die Spretzerei met däm chemische Krom hots aach schon vaänzelt gen. Dodefor hot ma offem Bockel en große Behälter getran, wo dat met Wasser offgelest Geschärr dren war, wat ma als Flissigkät ore als Polwa en da Wenderschool ore beim Raiffeise kaafe konnt. Met da links Hand hot ma andouand anem lange Hewel roffa on ronna gepompt, on met da rächts Hand dat lang Spretzrohr met da Düs voredran met so e bissje Abstand iewa die Kromberestäck gehal. En Mondschotz fo dat Geft absehalle, hots net gen. Wer gäre geraucht hot, konnt jo sei Peif ore en Stompe en sei Moul stobbe.

Vor meiner Zeit, so hon die Alte emma vazielt, hon die Leit die Krombere of de ganze Stecka nor merrem Kaascht gegrab. Do war alles onnawächs wat Bään hat, vom Oba bes zom Enkel, jeda merrem dreizinkische Kaascht offem Bockel onna Mann onnam Arme. De ganze Daach hon se von morjens bes omens äne Kromberestock no däm annere ousgegrab, met de Henn die Knolle abgerubbelt, dann sortert, zeerscht en die Manne geschmess on dann en die Säck geschutt. Die Awet muuste mer us nor dann mache, wenn dat Kromberesteck moo zu nass war, fo droffsefahre on de Rään net offhere wollt.

En use Zeite kamde no däm änfache Kromberepluuch met däm bockelich Schaar, dän die Kie noch dorch die angeheifelte Krombererehe henner sich herziehe muuste, so noo on noo die Kromberemaschiene of. Die sen zeerscht aach von de Kie on spärer vom Bulldog gezoh wor.

Die änachsisch Maschin hat links on rechts zwo große Sprossereere ous Eise met quer ofgeschwäßte Platte of da Laffläch, on onne en da Mette konnt ma merrem Hewel en Schaar hoch on eronna stelle. Dorch dä Zuuch noo vore hot sich iewa die große Reere met dä Eiseplatte die Kraft of en Drähkranz iewatran, dä henne en da Mette iewa däm Schaar anbracht war. Met dä vier lange on geboene Zinke hot dä die Krombere, die von däm schräch dorch de Borem gezoene Schaar hochgefahr wor sen, gleich of die rechts Seit geschmess.

Weile hon se met de String scheen vastranzelt do gelän, on ma konnt gut of de Kniee henaher retsche on die Knolle met de Hän räffe on an die Seit of en Maare schmeiße. Dat ware so Häf, die ma alle 10 - 12 Meter als Zwschelacha gemach hot. Met jeder Foor sen die Maare naderlich emma brära wor.

An änem Morje ore an änem Nommedach konnt ma so 6 - 8 Reihe Krombere ousmache, me hot ma jo gar net gepackt. Dat kam aach so bissje droff aan, wie lang dat Steck war on wieviel Leit ma for se schaffe hat. Ware die Reihe ousgefahr on of die Maare geschmess, hot ma erschtemo Friestick gemach ore, wenn et nommedachs war, de Kaffee getronk. Weil et jo em September war, hott's dann merchtens aach Quettschekuche se esse gen. Dä war manchmo em Koreb schon ganz vaquatscht on hot met däm sieße Geruch aach die Horwespele prima angezoo. Dat Steck Kuche hot ma en da ä dreckisch Hand gehal on de Becha met däm Kaffee ous gebrannda Gärscht en da anne Hand. Fo no däm äjelisch Viehzeich se schlaan, muust ma ebbes ous da Hand län ore ma hot de Muckefuck vaschlabbat. Die Mannsleit hon awwa aach alsemo ehr Schmeere valangt merrer ordelicher Worscht droff ore äna Scheib Schinke merrem brära weiße Speckrand. Dodezu hot aach en Glas Äppelwein gut geschmackt.

Wenn morjens em ellef Oua die Meddachsglock vom Kerchtorm iewat Doarf on die Gemarkung gelout hot, sen iewerall die Weibsleit hämgang, for dat Meddachesse se koche. Dodefor hot jo ä Fraamensch gelangt, die annere konnte jo of de Stecka bleiwe on weiere schaffe. Wenn noch en Oma ennem rüstische Alter debei war, es die dann merschdens geschickt wor. Eich kann mich noch erennere, wie 2 Fraaleit ziemlich mied hämgang sen on meine Vadda hot däne zugeruf: "Der zwo, kommt uus doch noch e bissje helefe!" "Mer sen stomp!" hot die än geruf, dodroff meine Vadda: "Bei uus werd da wiere scharf gemach!"

No däm Ousfahre met däm Pluuch ore met da Maschine hot ma sich sesamme drangemach, all die änzelne Häf met de Krombere se sortere on en die Säck se felle. Also homma met alle Mann om die Maare rom gekniet, om die kläne Krombere met däne, wo en Macke vom Kaascht ore vom Pluuch kriet hon, en die links Mann se schmeiße. Dat ware die Seikrombere! Die meddelgroße ordeliche Knolle kamde en die meddelst Mann. Dat ware die Setzkrombere fort nächst Joahr. Die Dicke ware die Ess-krombere, on die kamde en die rechts Mann. Bei dä Manne, die ous Rure geflächt ware, sen die Krombere net so geknuppt wor wie bei dä Manne ous vazinktem Eise-droht. Plastikmanne horret domols noch net so gen.

So zwoehaleb bes drei Manne hon en Sack voll gän. En die Säck met de Setzkrombere sen dann ue Krombere-string rengebon wor, dat ma se dehäm beim Ablare net met dä annere vawechsele konnt. Dat Wäre war jo aach net emma scheen, et hot jo manichmo aach geränt. Do hot ma ganz änfach en leere Kromberesack onne an da Eck noo ennewennich engeschlaan on als Kapuz of de Kopp gestelept, die Mannsleit iewa ehr Pletschkapp on die Weibsleit iewa dat Koppduch, wat se gemänehand om harre. Dodemet konnt ma aach vahennere, dat ähm de Rän en die Halskoul gelaaf es, on ousadäm hot dat aach noch e bissje die Schollere on de Bockel geweremt. Wenn et met däm Rän ganz schlemm war, hot ma sich onne de Waan gesatzt on gewat, bes et wiere hell wor es iewa Stakeburch.

Et war emma ganz wichtich, dat die Krombere trocke en de Keller kamde, sonst sen se gär vafoult. An soem halwe Daach hat ma dann manichmo so aan die 30 Säck of de Waan se lare. Bei manche Bouere konnte die Männa wäe äner Kriechsvawondung gar net so gut met de Hänn anpacke ore iewahaupt schwer hewe; dann muuste die Fraaleit on die Kenn beim Offlaare helefe.

Gemänehand hot ma die Säck se zwät merrem angesate "Hau-Ruck" of de Waan geschmess, on do met dä zugebonnener Seit no ennewennisch so hingelaacht, dat ma aach all droff kriet hot. Wenn do awwa schon ä Etasch met Säck gelän hot, muuste die annere jo uwedroff komme. Dann nuust noch jemand annarschda met seine zwo Hänn onnedronna greife on die schwere Säck met eroffschaffe. Wenn alles offem Waan war, konnt ma hämfahre.

Dehäm offem Hub es ma met däm Gespann gleich so vor dat Hous gefahr, dat ma die dicke Ackersegen, Aquila, Heida on Sieglinde iewa dä helzerne Triechta gleich vom Waan ous dorch die Kromberelecha en de Keller ruddele losse konnt. Dat war so en schlei Gestell von zwometerfoffzich Läng ous Holzlatte sesammegenält. Dorch dat Ronnaruddele es noch viel Dreck von dä dicke Esskrombere abgefall on dorch die Latte von däm Triechta of de Hub gefall. Dat war emma en ganz praktisch Sach, on als Kend hon eich dat met meinem Oba am liebste gemach. Die Setzkrombere on die Seikrombere muuste bei us met de Säck dorch de Housgang en de dunkel Keller met däm kläne, funzelich Liecht getran wäre. Of däm gestompte Borem hots fo jed Sort Krombere en eie Gefach gän, dat ma bes ue hien vollschiere konnt. Met 13 Johr hon eich die Säck schon en de Keller geschlääpt. Dat war fo meich am änfachste, weil eich de Klänst war on am beste ohne se bicke merrem Sack offem Bockel onna däm nierene Querbalke on da Wasserleitung dorchkom sen.

En manche gure Joahre hon aach die dicke Esskrombere dat greest Gefach ganz bes nächst onna die Kellerdeck gefellt, on ma muust flach uedroff leie, on die Knolle met de Fieß en die Ecke drecke, domit die noue, die jo dorch dä Triechta on dat Kellerloch weiere ueronna geborzelt kamde, noch Platz harre. Dä Vorrot an Krombere musst fo dat ganz Johr lange, fo die Mensche genau so wie fo die Sei. Naderlich sen se em nächste Suuma so e bissje schrombelich wor, manche aach e bissje grien. Wenn se em Keller uedriewa schon gekeimt harre, sen die weiße Pirema vor däm Koche änfach abgemach wor.

En manche Joahre hat ma so viel Krombere gehat, dat ma mo e paar Säck vakaafe kont. Fo de Zentna hots domols so 6 - 8 Marik gen. Von dä noue Krombere hon die Fraaleit gäre gerappte Plätzjer, Schales ore gefellde Kleeß gemach, wat met Speckgriewe on Äppelkombott meer von allem am beste geschmackt hot.

Dat Haaumache

Wie ma en de foffzischa Joahr noch merrem 11-er Deutz, em
12-er Hanomag, em 17-er Lanz, em Kramer-, Röhr-, All-
geier- ore Eicher-Bulldog eromgekroutert hot, war dat Ha-
aumache emma de Hehepunkt vom Suuma. Dodebei horra
do awwa erscht so richtisch angefang.

Vorher war die Haawa on die Suumagerscht gesät, de
Mest of die Stecka gefahr, of däne spära Krombere on Rom-
mele gesatzt wäre sollte, woa met Gawele, so gut wiets gang
hot, gleichmäßich vastranzelt on dodeno merrem Pluch
onnagefahr wor es.

De Puul hot ma merra Handpomp ore aach manichmo
schon merra elektrischa Pomp ous de Puullecha vor de
Kieh- on Seiställ end Puulfass gepompt, of die Wiese gefahr
on do iewa dä Ouslafdälla am hennerschte Enn vom Fass
gleichmäßich vadählt. Dann sen die Krombere, die Rom-
mele on dat Gemies gesatzt wor. Manche Bouere hon die
Rommelekäre aach merra kläna Maschin direkt of die
Stecka gedippelt, awwa mer hon die kläne Planse, die em
Gade vorgezoh wor ware, emma met da Hand änzel en de
Borem rengestoch, dä jo vorher ordelich met Mest gedingt
on met da Äh offgelockat on gleiche gemach wor war.

On dann war de Juni aach schon doo, on of de Wiese
konnt ma dat Gras wase siehn. Net nore dat Gras, aach die
viele bonde Blume, wie die gäle Ajapotsche, die bloe Koor-
blume, dä rot Klatschmoon ore die gäle Schlesselblume met
dä kläne Gläckscha draan. Aach die Destele on de
Souaamba sen doo wie narrisch end Krout geschoss on hon
sich gän dat hoch Gras gut behaupt. Deswäe hon die er bloe
Käpp emma am hechste gereckt.

Die Kieh en de Ställ hon schon lang net nore me Haau se
fresse kriet, on die Rommele on Kohlrawe en de Koule ware
schon lang all, so dat die Gretzmaschine en de Schouere
aach neist me se dun harre. Weile hots mojens on omens fot

Vieh zeerscht Grienfure gän wie Gras ore frische Klee, erscht dodenoo hon se noch e bissje Haau von de Denn ous dorch de Lare en de Fressräf vom Stall engestoppt kriet.

Wennet dann soweit war fot Haaumache, sen die Mannsleit met de frisch gedängelte Sänse on em Schlorefass met Wasser on em Wetzstän em Säckel bei Zeit dehäm fotgang on hon erscht mo äne Maare of da Wies ofgemäht, dät ma dann aach met da Mähmaschin erennfahre konnt, ohne dobei ebbes platt se drecke. Bessa waret naderlich, wenn die Nobaschwies schon vorher abgemäht war, dann broucht ma dodroff kä Recksicht me se nemme, on ma konnt sich die Awet met dä Sänse spare. Nor am Koppänn, wenn de Wäch so schmal war, on am onnascht Enn, wo manichmo en Bach langst gang es, muust met da Hand offgemäht wäre.

Wenn et Wäre änischamoose war, es ma met da Mähmaschine dehin gefahr on hot die Wies abgemäht. Dat ware manichmo so ganz schen große Labbe. Bis en die Foffzischa Joahr erenn sen die Mähmaschine noch von de Kieh gezoh wor. Dat Messa von däm Mähbalke an da rechts Seit von dä Maschine mit dä viele ananannageschroute Dreiecksklinge es von dä zwo große eiserne Reere mit dä kreitzweis ofgeschwäste Eisestolle iewa en Juckelstang aangetrieb wor. Sen die Kieh stehnblieb, hot aach dat Mähwerk nemma gang. Dat war spära, wo en kläne Bulldog angespannt wor es, genau dat selwe. Erscht wie die Bulldäg en eiene Mähbalke angebout harre, dä iewa die Kardanwell angetrieb wor es, hot sich dat geännat. Weile hot dat Gras do gelän on et hot gleich so frisch on so gut no Suuma geroch. Wenn houtsedaach ergentwo de Rase vorm Hous gemäht werd, muss eich dodran zureckdenke. Met leichte Gawele ore me helzane Reche en de Hänn es dat grien Gras dann von de Leit of da ganz Wies mechlichst locka vadält wor, on konnt dann erscht emo leie on en da Sonn derre on treckele. Beim Haaumache hon die Bouere mee wie sonst noom Hiemel geguckt on of die Sonn gewaat. War die de ganze Daach do,

dann horret manichmo gelangt, dat von dä ä Seit schon an-
gedorrt Gras noor ämo se wenne, treckele se losse on dann
schon ensefahre. War dat Wäre awwa so, wie et offem
Honsreck merchtens em Suuma es, muust dat Haau zwei-
ore aach dreimo met de Gawele ore merrem Reche eromge-
schmess wäre. Eichentlich war dat kä so schwer Awet, wo
all metgehn konnte, aach die Oma, de Oba on die Kenn.

Wenn et Haau dann trocke war, waret dann soweit, dat
ma et enduun konnt. For dat dorr Haau sesammesescherre
ware die helzerne Reche gemach, wo an däne gespräazte
Stiel met seine zwo Enner en schräch Blaat met viel Lächa
engemach war, en däne die helzerne Zinke so drengestoch
hon, dat se of dä zwo Seite von däm Holzblaat gleichmäßich
rousgestann hon, on so praktische on doppelseitich benotz-
bare Wiesekratzer ergen hon. Met däne leichte Reche konnt
ma rächts wie links gut schaffe. Wenn die Wies hubbelisch
war, hon die Alde gesaat: "Dou musst gän de Bersch schaffe,
dat geht besser!" Ous dä Reihe met däm sesammegeschärrte
Haau sen dann Hoppe gemach wor, on zum Schluss hot äna
noch de Hans iewa die Wies geschlääpt, dat joo neist leie
blieb es. De Hans war en bräre eisene Reche met lange, no
vore geboene Zinke on em quergestalte Handgreff of däm
lang Stiel, an däm ma ihn henna sich her gezoo hot.

Wenn ma drous viel se dun hat, dann hot ma von dehäm
emma ebbes se esse on se drenke metgenomm, dät ma mo-
jens en Friesticks- on nomedachs en Kaffeepous mache
konnt met Schmeere, Muckefuck, Melich on Wassa ous da
Leitung. Wenn vom letzte Sonndach noch Kuche iewerisch
war, hot net noor meer die Pous am beste gefall.

Fo dat Haau hämsefahre, muust de Plattwaan herbei, dä
so bes in die Mette von da foffzischa Joahr en de Wiese von
de Kieh on spära dann vom Bulldog von änem Hoppe zum
annere gezoh wor es, die dann noenanna von de Mannsleit
met dä groß dreizinkisch Haaugawel of de Waan eroffge-
spesst wor sen. Vorher muust of däm leere Waan noch die
Haauläda, die am veraschte Enn von dä Platt merrem eisene

Naal en dat zwodälich Scharneer of dä Platt engehonk on merrem Splent gesichert war, senkrecht ofgestalt wäre. Dat se net no vore falle konnt, hot se en dä senkrechda Stellung met ehre zwo no onne iewastehende Holme an änem Querholz onna da Platt angeschlaan.

Wenn die Wiese an da Bach gelän hon, sen bei dä Schafferei in der Hetz die ägelische Brämse of die Kieh gefloo on däne aach en die Aue gekrawwelt. Die konnte jo noor met de Schwänz schlaan on met ehre große Ohre wackele, om sich gän dat ofdrenglisch Viehzeich se wehre. Wenn et ganz schlemm war, hon se aach emo met änem Hennabään prowert, sich am aaiene Bouch se kratze.

Die Fraaleit harre bei da Awet merschdens en Koppduch offem Kopp, on die Mannsleit en Scheppekapp ore en Plätschkapp. Wenn et so hääs war, hot ma dodronna ordelich geschwitzt.

Do hot ma alsemo in dat Säckelduch ousem Boxesäckel vier Knipp erengemach, on dat dann anstatt der Kapp of de Kopp gestelept. Bei manchem spärlich behorde Männakopp war dat aach en gure Schotz vorm Sonnebrand.

Of däm Plattwaan hot de Oba uedroff gastann, woa die vom Baba roffgespesste Gawele met däm Haau met seine zwo Ame angehuul, on no seinem eiene Plan scheen näweenanna on Laach for Laach ofgesatzt, on met de Fieß engestampt hot. So es de Waan dann emma greßa wor, on zum Schluss hot de Stiel vom Baba seina Haaugawel bal nemme bes bei de Oba uehien gelangt.

Dann war et Zeit, de Wiesbaam droff se benne. Dat war en lang Rondholz, so gut armdick, dat an seinem veraschte Enn merrem dicke Eisering beschlaan war, dä dann onner die iewerscht Spross von der Haauläta, die vore am Waan steil erofgestann hot, dronnageklemmt wor es. Dat hot vore Halt gen. Om dat hennascht Enn es en leicht Kett geschlung wor, met der de Wiesbaam kräftich no onne gezoh on stramm gespannt wor es. Äne Gleische von dä stramm Kett

es dann en dä Hoke an da hennascht Kant von däm Platt-
waan, dä met seina Spetz no onne gewies hot, of Spannung
engehonk wor.

So war dat Haau zwische der Platt on däm Wiesbaam
fest engeklemmt on fo dä Transport gut gesichert. Vor däm
et dann of de Hämwäch gang es, hot ma dä hochbelad Ha-
auwaan an alle Seite met de Reche nochemoo ordelich ab-
gekratzt, derra net so franzelisch ousgesiehn hot. Wat däre
dann die Leit dezu saan? Wenn die Wies en änem schleie
Gelände gelän hot, muuste die Mannsleit de Waan von äna
Seit noch met ehre Gawele so lang steibe, bes ma offem feste
on gleichmäßiche Wäch war. Weile konnte die Kenn vore
iewa die Haauläta erofklettere bei de Oba, wo se sich am
Wiesbaam gut festhalle muuste, wenn se offem Hämwäch
näwa de Gärte onna de Kerschebäm dorchgefahr sen, on die
reife Kersche von de Äst me geroppt wie gebroch, on direkt
end Moul gestobbt hon. War dat emme en Spass!

Wenn et berschronna gang es, muust ma henne am Waan
met da Hand die Brems zudrähe. Bei dä alte Waan met de
eiseberäfte Holzreere hot sich dann of jeda Seit en Holzklotz
an die zwo Hennarere gepresst on so vahennat, dat de
Waan met dem viele Haau vore die zwo Kieh ore dat oschä-
risch Bulldegsche iewarollt hot. Bei dä Gummiwaane war
dat spära nemme nerisch, die harre vore of da Aanhänge-
gawel schon en Handbremse, die ma vom Bulldogsetz ous
greife kont.

Fo enseduun muust dat Haau richtich trocke sen, sonst
härret sich offem Haaustock en de Schouere selbst entzünde
kenne. Do muust ma schon e bissje ofbasse!

Dehäm offem Hub es dann abgespannt on de Haauwaan
met allemann en die Schoua gedreckt wor, woa entwäre
met de Gawele of de Haaustock abgespesst, ore merrem Ha-
auablara elektrisch abgelad wor es. Offem Haaustock, dä
merchtens iewam Kiehstall war, hon die Fraaleit gestan on
met Gawele dat frisch Haau en alle Ecke vadält. Dat hot

emma gesteppt wie farekt on die Polle sen sehr wahrschein-
lich aach dorom gefloh. Awwa domols hot käna ebbes aan
sich kriet, on niemand hot ebbes gowosst von Allergie ore
so äna annerer noumorischa Krankhät von hout.

Wenn dann de letzt Waan met däm Haau abgelad war,
es omens dehäm en da Kich als Hehepunkt vom Suuma dat
Haaufest gehal wor. Ma war froh on hat ebbes se feiere: For
dat ganz Joahr hat ma weile wiere dat Hauptfuure fo die
Kieh em Trockene, on dodrof war ma emma a bissje stolz.
Die ganz Familie met all de Helfer hot dann sesamme am
Kichedisch gohockt, of däm die frische Wasserweck on Me-
lichbretcha vom Bäcka gelän hon. Die hot ma ordelich met
Botta beschmeert. Denäwe hot en Ringel Fleischworscht on
noch e paar Knackwerschtcha vom Metzga gelän, die ma
kalt ore warem esse konnt, am beste met änem net ganz so
scharfa Senef. Gän de Doarscht hots Bier ous Flasche ore
Äppelwein ous da groß Korbflasch em Kella gen. Die Kenn
dorfte Malzbier trenke.

Dodenoo hots bal and Korabmache gang, awwa dat
werd dann en anna Steckelsche.

Heuernte, (um 1935)

47

Vier Schusta em Doarf

Fria war alles bessa! Wie dat Doarf noch 500 Enwohner hat, do harre ma noch vier Schusta, en Schneiere, en Sattla, en Schmied, en Bäcka, zwo Schreina, en Klempna, zwo Kläregeschäfte, fönnef Wertschafte on en Backes em Doref. Oußadäm harre ma aach en Metzga, en Molgerei, en richtisch Post on en Bahnhub, jo, sogar en Amt harre ma gehat, zwo Dekta on en Abodek. Awwa wei gehts nor om die vier Schusta. Die hon ganz vastraut gewohnt, zwo em Uadoarf on zwo em Onnadoarf, on jeda hot aach noch so e bissche Landwertschaft gehat, weil se vom Handweak allän net läwe konnde.

De elst war Schmieds August

Dä on sei Fra ware fo meich emma schon alte Leit gewääs, awa eich konnt se gut leiere. Die zwo hon net so weit von uus wäch ennem alte Hous gewohnt, wo alles onna änem Dach war, dat Wohnhous for die Leit, die Ställ fot Vieh on die Schoua. Bei de August sen eich gäre gang fo die Schuh se hule, die äna fo se suule dehien braacht hat. No däne ehrem Dod es de ganz Krom vakaaft on dat Hous bal abgeress wor. Weile es et schon lang fot on kä Mensch wäs noch ebbes iewa de August on et Emma. Hout wäre of däm Platz Audos vakaaft.

Dä anna war de Wieseschusta

Dat war Schneierisch Oddo on seine Suhn Willi. On wie de Name Wieseschusta schon seet, hon die en de Wiese gewohnt, wo et end Häfeld on nom Nierewella Wald eronna geht. Bei de alt Oddo es mei Henne Oma gäre hingang, weil dä von ehre kläne Fieß mo Leiste gemach hat, of däne er dann alsemo noue Schuh fo se mache konnt. Dat ware emma hohe Schuh ous dunkelem Läre on aach met Lärerieme. Ue ware se weich on onne harre se hate Läresule, die met Schuhnäl beschlan ware. An de Absätz on an de Spetze ware met de Nääl die Schuheise droffgekloppt.

48

De drett war de Hammerudel

Dä klä Mann hot am annere Enn vom Doarf gewohnt, uenous no Trorbach, näwa da Stänkoul. Näwa seina Werkstatt hat dä en seinem Häisje noch en kläne Schuhlare engeriecht, wo eich als Kend mo e Paar Sandale kaaft kriet hon. Eich gläb, dat ware mei erschte noue Schuh gewääs. Sonst muust eich emma die von meinem ällere Brure andun.

Sonndachsnomedachs es de Hammerudel emma met meine zwo Obae en die Wertschaft bei die Emmagot of die Beckasch Heh gang fo äne se drinke on e bissje se schwätze. Alle drei harre sich dodefor sonndachs angedon, en dunkele Aanzuch, en weiß Hemd, en West, en Schlips on en Hut offem Kopp. Wenn et bissje kalt war, hat meine Oba ousem Uadoarf gäre noch en Gehrock iewagedon. Wat se en da Wertschaft so vaziert hon, hon se känem varot.

De jingst von däne war de Schmieds Dick

Dä hot em Inkawäch gewohnt, gäniewa Bores Schmied on näwam Bulles. Von seina Werkstatt, woa die Schuh geflickt hot, konnt ma gut of die Stroß gucke, wo schommo en Goul vor da Schmitt beschlaan wor es, on aach omgekehrt. De Schmieds Dick war net noa en Schusta on en Boua, dä konnt aach gut Trombet spiele. An Weihnachte horra emma vom Keachetorm ronna dat "Stille Nacht" so scheen gebloos, dätt die Leit en da Keach Träne en die Aue kriet hon.

De Schmieds Dick war en großa Mann merrem ordeliche Bouch onna da Läreschoaz on änem gure Mondwerk, däm aach emma ebbes engefall es. So hat eich mo gefrot, wann mei Schuh fo se besuhle dann feddisch sen kennte. Do horra meich zerect geroff on zoreckgefrot, ob eich se dann gleich brouche dät. "Jo!" Hon eich dann gesat. On dann horra gemähnt: "Ei, dann nemm se doch wiere met!" Hout hot Bichebeiere iewa 2000 Leit, on käna von däne es Schusta.

Die Moldehäf

Fria, wie of de Wiese on Stekka noch viel met da Hand ge-schafft wäre muust, do honn än die Moldehäf manichmo zua Vazweiwelung braacht. Iewaall hot ma die Hoppe ge-siehn. Manichmo ware se schwaz on manichmo broun, je nodäm, wie de Borem so beschaff war.

Doch wat es eichentlich en Moldehaf?

Dat es dat Dierche em Borem, bißje greßa wie en Mous, mer-rem schene glatte on schwaze Fell, em spetze Kopp on große Fieß met fönnef kräfdische Kralle an dä koaze Bäncha. Henne horret e klä Schwänzje. En Moldehaf es awwa aach dä Haf Drägg, dän dat Dierche ousem Borem rousschmeißt met seine bräre Hänn on Fieß, die aussien wie Scheppe ore Entefieß.

Wenn ma die Wiese mähe wollt fo dat Haau ore de Kro-mmet se mache, muust ma die Drägghoppe erscht emo mer-rem Reche gleiche mache, sonst wär ma beim Ofmähe met da Säns en däm ofgeworef Grond hänge blieb. Aach hät sich de Mähbalke von dä Mähmaschin dodren festgefahr. Wenn dann noch en Stään end Messa kemmt, kann dat aach ka-butt gehn. Beim Korabmache war et datselwe. Awwa do konnt ma vorher net en die Stecka gehn on die Moldehäf ousenanna schärre. Do hät ma jo die ganz Fruucht vatram-pelt. Do esset alsemo vorkomm, dat sich die Mähmaschin ore de Bindemäha en soem Moldehaf va-fang hot. On weil dat met de Moldehäf so en allgemän Äjanes war, hot ma die Biester änfach gefang. Die Gemän hat sogar en Koppgeld droff ausgesatzt, ore bessa gesaat, en Schwanzgeld. Fo jede gefangene Moldehaf hots am Bichebeierna Fest vom Vor-stea 50 Penning genn. Kä Mensch hot domols ebbes gesat von Nadorschotz, on niemand hot von äna rora Lest des-kerert, wo dä hät droffstehn kenne.

Em Friejoahr on em Herebst sen die Bue em Doref ous-gereckt on hon ehr Moldehafsfalle ofgestalt. Dat hot en de Wiese deswäe am beste gang, weil ma merrem große Messa de Borem gut ofschneiere on de Wasem en änem Stick roushule konnt, weil die Worzele von däm Gras dä ganz Klombe Dreck gut sesamme gehal hon.. Dodronna hot ma dann merchtens gleich die zwo Gäng von däm Moldehaf gesien, en die ma die ofgespannde Falle ren- stoppe muust. Dann hot ma de Wasem wiere drofgedeckt on ronderom met Dreck beigeschorr, dät kä Liecht rennkom es. Doch dat war, kläwe ich, gar net nerich, weil die Moldehäf doch nächst blend sen solle.

Awwa ebst ma an die Awet gang es, sollt ma met seine Hänn ordelich em Dreck erom gemengt hon, dät dä klä Käll von änem selebst neist rieche konnt. Hout dät ma Hänsche andun. Wie ma feddich war, hot ma dann uedroff en Stäckelche gestoch ore en Stään hingelaacht, dät ma de Platz wiere gut fenne konnt. Am Daach ore zwo deno es ma gucke gang, ob ma ebbes gefang hat. Manichmo hat ma so an die 20 Falle ofgestallt. Do muust ma sich schon gut die Plätz meake, wo se gestann hon.

Von jedem Moldehaf, dän ma gefang hat, hot ma gleich dat klä Schwänzje abgeschniet on noch am selwe Daach bei de Vorstea braacht. Domols war dat de Stomm Oskar. Sei Fraa Luwwis hat of äna Lest all die Moldehäfsbue ofgeschrieb. Dann hot se fo jed Schwänzje onna däm richtische Name en Strich gemach. Bes zum Bichebeierna Fest am letzte Sonndach em Juli kamde do en Herd Strich sesamme. Merchtens hots dann so viel Geld gen, dät ma noch ebbes devon of da Raiffeisekass spare konnt.

Sylvesta bei Oma on Oba

Uenoff dat Schlofzemma von Oma on Oba em alte Hous, wo aach meine Unkel on zwo Tande gewohnt hon, wa fo meich als Kend en richticha Kultorplatz, wie ma hout so seht. Wenn eich en de Ferie do en däm Bouerehous geschloof hon, sen de Oba on eich oomens emma beizeit end Bett gang on dann hot de Oba angefang se vaziele. Vom Sedansfest, wat iewerall gefeiat wor es, horra vazielt on vom Kriech, däna metgemach hot, domols 1914, wie et aangefang hot on die Soldate en Deitschland net schnell genuuch met Hurra an die Front komme konnde.

Wie dat Ähn met däm Annere sesammegehonk hot, es meer domols noch net so ofgang. Darret awwa von uuse Nobae em Weste, de Franzose, emma als Stichelerei ofgefasst wäre muust, wenn die Deitsche em Kaiserreich noh däm Kriech von 1870-1871 iewaall em Land mazialische Denkmole ofgestallt on jed Johr so om de 2. Septemba rom met milidärischem Premborium de Siech von da Schlacht bei da franzesisch Stadt Sedan gefeiat hon.

Dä Gedenkdaach hot nächst bei däm Gebortsdaach von meinem Oba gelän, dat war ihm ganz gatting komm on hot ihm vielleicht deshalb aach so gut gefall. Wie awwa dann 1914 die Klopperei met de Franzose wiere von vore aangefang hot, muust meine Oba aach met, ob er wollt ore net. Domols muuste die Mannsleit en Gewehr metnämme, wenn se mo end Ousland wollde. Houtsedaach homma dat doch viel bequäma on kenne aach wiere häm, wenn die geplant Zeit von däm Ousfluch eromm es, ore wenn meer kä Lost me hon!

Wenn bei dä Vazielcher vom Kriech en däm Oba seina Geschicht noa halwer, dreivertel Stonn zeerscht die Feldkich ofgemach hot on dodeno die Oma end Bett komm es, hon eich merchtens schon geschloof. Dann hon eich nemme gemerkt, wie die Oma die Koul en däm bissje dieferere Bett wie däm Oba seinem, ganz ousgefellt hot, on eich nor noch wie so en kläne Krombeeresack näwa ehr gelään hon on an se draangerollt sen.

En däm Schlofzemma von dä zwo hot aach noch en große eichene Kläreschrank gestann, wo net nor die Sonndaskläre ofgehob wor sen. Do hot onne on henne rächts aach die Schnapsflasch vom Oba gestann met däm Tresta, dän eich so hie on do no Sohre mem Fahrrad kaafe fahre muust, die Flasch fo 6,00 Maak. Meine Unkel hot jo liewa dä Heffeschnaps getronk, dä war aach 50 Penning billicha. De Oba hat awwa aach emma noch en Flasch Rum em Schlofzemma, on die es net noor an Selvesta fo de Grogg gebroucht wor.

Gleich links en da Eck von däm Schlofzemma hot dä schwaz rond eiserne Ue gestann met dä Eisering uedroff, die ma merrem Stocheise roushule muust, wenn ma große Holzknuppe of dat Foua drofflähn wollt. Dat schwaz Uerohr es noch en ganz Stick dorch dat Schloofzemma met dä nierener Deck gang, ebst et em Schorchtel vaschwonn es. Dato hot aach noch extra gut die Stuu geweremt. Dat war aach neerich, wenn meer zwo, meine Brure on eich, an Selvesta do gefeiat hon.

Quer vor dä zwo Betta hot et ganz Joahr iewa en groß Eichekest gestann met da Bettwäsch, der Dischwäsch on da Onnawäsch von däne zwo. Die Kest homma sesamme en Stick von de Better abgereckt, on die Oma hot en Leine Dischduch droffgelaacht. Dat war dann uuse Disch fo die Selvestafeia. An die vier Seite kamde die leichte Stiehl onne ous da Wohnstuh, die ous rondem Wäreholz gemach on Setzfläche harre, die aus Stroh ore Schelef geflächt ware. Weil die e bissje noogen hon on weich ware, hot ma of däne aach ohne Kesse ganz bequäm gesess.

No der leinene Dischdeck sen dann die 4 Della on Bestecka, die Tasse on Gliesa on de Onnasetzer for dat häß Deppe of dä nierene Behelfsdisch komm. Weil mehr jo met der Feiererei gleich nom Fierere aangefang hon, hot de Oba an däm Daach dä klä Ue en da Eck schon bei Zeit aangemach. Omens gään 7 Oua muust dä dann dat Zemma schon warm gemach hon. Weil ma jo all von drouß kaamde, wo et kalt war, hots zeerscht mo en Gliehwein gen. Dat bissje Wassa dodefor en däm Deppe hot schnell gekocht, on dann hot de Oba de Rotwein von da Noh renngeschutt, on die Oma hot de Stangezemmet rengebrockelt on de Zucka merrem Kochleffel dronnagemengt. Dä Gliewein muust ma dann ous dä Tasse met däm Zwiewelemosta gleich ganz häs trenke. Eich gläb, meine Oba hot en sei Tass vorher awwa noch en ordeliche Schuss von däm Rum ous däm Kläreschrank henne rächts erenngemach. Awwa die Oma hot sich met däm vadennte Gliewein zefriere genn.

Offem Ue war weile de Platz frei fo dat groß Deppe met da Fleischwoarscht. De Ringel war schon en 4 Stecka geschniet, die weile ganz hääß ware on met äna langa Gawel erousgehuul on of die flache Della vadählt wor sen. Dann hot ma die Hout von da Woarscht abgezoh on so noh on noh met viel Senef on wenig Brot gess. Ach, hot dat gutgeschmackt! Vorher schon hat de Oba Bier en die Gliesa geschutt, aach wenn et bei uus zwo merschdens nor dat dunkel Malzbier war, wat e bissje sies geschmackt hot. Uus Motta on Vadda hon an däne Daach en äna Wertschaft, an Bienewellems ore an Schelasch, Beckasch ore Gasse Selvesta gefeiat. Om uus muuste se sich kä Sorje mache. Wat meer do en da Schloofstu alles offem Disch stehn harre hon die jo net gesiehn. So hot ma sich schon en junge Johre of en ganz naderlich Art on Weis an dä Geist en de Getränke gewiene kenne, ohne dat ma von däm gleich omgeschmess wor es.

Bal hot sich awwa de Kopp e bissje annascht aangefielt on die Gespräc007a en uusa Stuu sen monterer on lockera wor. Ganz so, wie et sich for en ordelich Selvestafeia gehehrt. Meh zum Spass, awwa aach e bissje om dat Gleichgewiecht of däne Rohrstiel besoricht, hon meer zween us dann alsemo met dicke Erntestreck ore em lange wollene

Schaal an die Stuhllehne aangebonn. Ma wosst jo net so richtich, wat noch passehre kennt.

Dann hot de Oba wiere von Frankreich vazielt on ous Belgie, wo äna mo offen geschoss hat. Die Kuchel horra sei Läwe lang sonndaachs an äna selwana Kett met sich romgetran. En da Zwischezeit war se aachemo fo e Zeitlang em Siemascha Honsreckmuseum als Leihgab en änem Glaskaste ousgestalt.

Dodeno es dann bei de Vazielcha vom Oba wiere die Feldkisch komm, wat fo die Oma dat Zeiche war, die Fleischwerschtcha of de Disch se stelle. Gemänehand homma die gäre kalt on ous da Hand gess, met Sennef vasteht sich. Dat hot emma gut geschmackt.

Wenn ma droff geloustat hot, konnt ma die Oua vom Kerchetorm gut schlaan here on ma wosst, wie spät dat war. Merchtens awwa hon meer domols de Johreswechsel nemme wach metkriet. Schon vorher hot us dat Bett met dä frisch ofgeschierelde Käb en de Matratze on däm weiche Färebett uedroff allezwo so schnell en de Schloof gelockt, dat ma von dä ofgefohrt Knallerei of da Strooß gar neist meh gehoort hon. Erscht wie mehr so 13, 14 Joahr alt ware, hot ma nommo vom Fensta ous of die Strooß geguckt, wo die Knaller on die Fresch explodert on die Peifer em Zickzack met viel Rauch on Gestank eromgezicht sen.

Spära hat ma dann aach en aie Stobbepistol, met der ma dat nou Johr ordelich aanschieße konnt, awwa dat es dann wiere en anna Steckelsche.

Met em Laik von Kerberich noo Bichebeiere

Aanfangs de foffzischa Joahr homma en Kerberich en da Bahnhubstrooß gewoohnt zwische da Molgerei on Wewersch, die domols en Lkw-Woo vor ehrem Hous harre. Näwa da Strooß es die Bahn langst gang. Uus Hous hot aach da Bahn gehort, on weil meine Vadda do geschafft hot, konnde mer on noch en anna Bahnfamilie dodren wohne. Henna on näwa däm Hous hat jeda en scheene Gaade gehat met e paar Bäm dren. Et hot en Äppelbaam, en Beerebaam, Knäppasche, Quetsche on aach Reinklohe gen. Hennam Hous of em Hub hot noch en fest gemouat Häisje gestann, wo mer onne de Hinkelssärel drenn harre, on uedriewa war noch Platz, wo dat Holz fo em Ue em Wenda se brenne, ofgehob wor es.

Wenn von Denze en Giedazuuch noo Kerberich eroff komm es, hot ma dän schon bei Zeit schnoube gohort on gesiehn. Manichmo, wenn dat Signal rot war on er anhalle muust, horra aach gepeff. Wenn a dann wiere aangefah es, hon die eisene Reere of de Gläse richtich dorchgedräht on ma hot gemähnt, weile explodeert die ganz Lok. Et war fo die schwer, met dä viele Aanhänger met Kuhle, Benzin on Boumaterial fo dä nou Fluchplatz offem Hahn am Bersch wiere en die Gäng se komme.

En lange Giedazuuch met so zähn Waan ore meh hot vore emma en groß schwaz Lok von iewa 100 Tonne Gewiecht gehat, merrem extra Kuhlewaan dehenna. Die Personeziech awwa sen von äna kläna Lok merrem angeboute Kuhlekaste gezoo wor. Die harre aach nor hechstens vier Waan aanhänge on manchmo noch en extra Gepäckwaan.

Wie meer Bue noch so Pänz ware von 5 - 6 Joahr, do hon mer manichmo an däm Bahniewagang, wo die Stroß von da Stadt no Denze geht, en Penning of die Schiene gelaacht on henna dä Schranke geguckt, wat passehrt. Dä Penning war denoh naderlich platt wie en Leffel ohne Stiel. So en klä Lok hot aach de Laik gezoh. Dat war en leichte on schnelle Stick-

gutzuch, der ämo die Woch nomedaachs em drei von Un-
zebersch eroff komm es on en Kerberich gehall hot, wo mer-
chtens ebbes ous- on aach engelaad wor es. Iewa Kostenz,
Nieresohre, Sohre on Bichebeiere es a dann met seine paar
zuene Giedawaan met dä rore Holzofboude, die wie die Hä-
isa en Norwegen ousgesiehn hon, en Richtung Hemeskeil
weiere gefah. Er hot awwa nor en Sohre on Bichebeiere ge-
hall, weil et do richtiche Bahnhieb met Giedaschubbe gen
hot. En Kostenz on Nieresohre hot emma nor en Wellblech-
häisje als Haldestell fo die Personeziech gestann. En Sohre
hot sogar noch en große elefante- grohe Wasserhahn zwi-
sche de Schiene gestann, wo die Damplokomodive ous däm
schwenkbar Rohr frisch Wasser kriee konnde. Awwa noue
Kuhle hots aach do net genn, dat war dann erscht wiere en
Morbach ore Hermeskeil mechlich.

Wenn eich em Suuma mo no Bichebeiere bei mei zwo
Omae on zwo Obae fahre wollt ore sollt, hot mich meine
Vadda ähnfach en de Laik gesatzt on däm Zuchfehra Be-
schäd gesaat, därre meich do wiere rous lesst. Bei dä Fahrt
hat ma so en dreivertel Stonn zwische de Keste on däm an-
nere Kroom offem Borem von däm rappelich Giedawaan
gesäss on geloustad, wie die Reere of de Schniene geknuppt
hon. Doorch en schmal Loftloch an da Seit konnt ma näwa
de Schiene die holzene Telegrafemaste, zwische däne die
paar Dräht arich doorchgehonk hon, vabeihusche siehn. Et
war aach net ganz dunkel en däm Waan, on manchmo hot
de Zuchfehra aach bei ma gesess on mer Gesellschaft ge-
leist. Dä muust jo aach ergentwo setze.

Wenn en Sohre ebbes ous meinem Waggon ous- ore en-
gelaad wor es, dann sollt eich mich net an da Deer weise.
Eich sollt mich vasteche, dat mich käna siehn kennt, däts kä
Geschwätz gen dät. En Bichebeiere hot mich merchtens die
Henne Oma vom Bahnhub abgehul. En Gepäckstick hat
eich nie bei ma gehat, aach net, wenn eich e paar Daach do
blieb sen.

De Keachgang en Bichebeiere

Samsdaachs es gebaad wor, zeerscht die Kenna, dann ware die Eldere an da Reih. Dodefor hot ma net onbedingt en Badezemma gebroucht, aach en Zinkwann en da Kich, gefellt met häßem Wassa ous däm Scheff vom Kicheherd on en ordelich Stick Kernsäf hot aach dat Reinlichkätsbederfnis am Daach vor däm Keachgang ordelich erfellt. En de mettlere 50er Joahr vom vorische Joahrhonnat konnt samsdaachs aach dä beischeiden Komfort von der öffentlich Dusch em Kalla von da Volksschool em Uadoarf genotzt wäre. Dä noumorisch Krom es awwa noor von de junge Leit en Aanspruch genomm wor, die ällere hon sich met äna leichta Massaasch met däm warme Wäschlompe an däne ohne viel Varenkunge erreichbare Kerpadäle sefriere genn.

Wie et aach emma met dä Kerperreinichung en de Großfamilie met meh Generatione onna änem Dach on ohne Badezemma abgelaaf es, hot fo jeden em Doref de Sonndach rondom gereinicht aangefang, on jeder war fein genuuch fo die frisch, on von da Sonn weißgeblaicht Onnawäsch, die seit däm letzte Wäsche em große Kessel of däm Kicheherd, soua gebiechelt em Kläreschrank gelään hot. Nadeerlich hot ma sich sonndaachs aach sonndaachs aangedoon. Dodefor hots fo die Kenn, die Eltere, Tande, Unkel, Omas on Opas en besonnasch, däm Feiadaach vorbehall Kläreordnung, gen. Die Bue muuste of ehr korze Läreboxe met dä Boxeträher met däm Heersch zwische de zwo Schollarieme, vazichte, on die Määd harre ehr Kläre ore Reck met Bluse anseduun. Boxe hon of käne Fall zu dä Sonndaachsousstattunge fo die Fraleit gehort, die ware hechstens bei da Aawer of de Sticka genähmicht. De Vatta hot om seine weiße on steif gestärkte Hemdkraache zeerscht seine Schlipps gebonn, on dann de Sonndaachsaanzuch dodriewa gelaacht, on die Modda hot noo ehra Aawet en Hous on Huub ehr normal Kittelschoarz ousgedoon, on ehr Sonndaachskläd ore dat zwodäälich Kostüm iewagestrebbt. Beide Klärungsstecka ware en da eiene Werkstatt, dat hääßt, an uusa Näh-maschine en da Kich, ous em alte Stoft, dä vorher mersch-dens schon annere Zwecke gedient hat, von uusa Modda on uusem Vadda selebst genäht.

De Oba hot iewa däm langarmisch weiß Leinehemd ohne Kraache on däm extra gesteifte Enstechkraache met däm weiße Brostlatz onnedronna emma en dunkel ärmellos Stoftwest merrem Hennadääl ous dennem, grohem Fure-duuch aangedoon. Vore, em iewaschte Knobloch, war en vaselwert Kettche met große vadrähte Gleiche engehonk. Dat anna Enn es merrem lässiche Schwung en däm linkse Westesäckel dodronna vaschwonn. An däm Kettche hot die aach vaselwat Gewehrkuuchel ous däm 1. Kriech gehonk, die ue met änem ronde Häibche scheen an dat Kettche an-gelöt war, on en däm Säckel ehre Platz hat.

Met däm Eiseding hot domools äna von dääne dabbere belgische Vateidicha meine aangreifende Oba en äna ganz beesa Absicht, on dodebei aach seine friehe Dood en Kaaf nemmend, an da Scholla ganz bees valetzt. Dä Schuss hor-rem domols drei Woche Heimatorlaab enbraacht.

Dä gedeckt Gehrock on die von bräre on elastische Trä-her hochgehallene Boxe dodronna ware nächst so schwaz wie dä steif Zylinder, met däm de Oba en seine hohe Johre an kalte Daach seine spärliche Hoorwuchs bedeckt hot.

Die Omas, die Tande on annere Fraaleit en da zwät Läwenshälleft sen bei ehre Kläre aach de helle on freundli-che Farwe gääre ousem Wääch gang, on en Zeite von per-senlicher Trouer hon se sich fo mennestens ä Joahr henna äna diefschwarze Klärefassad vastoch.

Eisalich so vorbereit, hon die Leit am Sonndaachmorje ore am friehe Nommedach en halleb Stonn vor da angesatzt Zeit de erscht zaghaft Ruf von der klä Glock vom Keache-torm iewa dat ganz Doarf on die dromerom leiende Ge-määne erwaart. Fo die Leit ous de Noobarschdärfa Niere-wella, Wahle on Loutze war et dat Zeiche, sich weile schon of de Wääch se mache, zu Fuß ore merrem Fahrrad.

Die zwäät Offorderung es dann noa Verdelstonn sesamme met äna zwoot Stemm von da mettelst Glock komm. Dat war dann dat Offbruchsignal fo die Keachgänga ousem hennerschte Dääl vom Onnadoarf. Die so Gerufene hon sich dann of de Wääch gemach zu der weiß gestrich Keach em Uwadoarf, die däm Backes schräch gäniewa schon weit iewa 100 Joahr ehre Platz hot.

Alle 14 Daach war so en ganz geläuficher on von "de Leit" akzepterta Rhythmus fo de Besuch von der ev. Kerich am freie Platz zwische däm Bäätsaal on däm Keachhuub. Dä Besuchstakt hot normal so gelangt, awwa bei besonnere Familiefeste hot ma sich greßeren Erwartunge von der sich gänseitich kontrolleerenden derflichen Gemän-schaft ousgesatzt gesiehn.

En katholisch Keach hots net genn, weil em Doarf nor en Handvoll Katholische gewohnt hon. Frisch vaheiradete Leit, Eltere von frisch gedääfte ore konfamerte Kenn on die nächste Vawandte von grad gestorwene Gemänemetglieda hon genau so zu de Pflicht-Kerchegänga gehoort, wie die am letzte Palmsonndaach konfamerte Kenna selebst. Die Juchendliche harre an de Sonn- on Feiadaache naderlich ehr Konfirmationskläre aanseduun on offsetraan, aach wenn die Sonn em Suuma steil on hääß of dad Doarf, sei Bewohna, die Keach on ehr Besucha eronnagebrannt hot.

Dä Abschluss von der achtklassich Volksschol met dä aanschließend Konfirmation hot en Punkt gesatzt, no däm die Kenna nemme Kenna ware. Se ware of ämo junge Erwachsene met noue Pflichte, on aach met ganz noue Rächte on Freihäte. Doch en der Zeit vor da Konfirmation hot die allgemän keachlich Ordnung en zwoojährische Konfirmandeonneriecht met wechentlich zwoo Doppelstonne em Beetsaal vorgesiehn, wo ma en ganze Haaf von Keacheliere on Psalme ousewennich lehre muust. Oußadäm harre de Parre on die Parrich de Kennagottesdienst fo die kläne on die Christenlehr fo die große Kenn zusätzlich zu Sonn-

daachsdienste erklärt. Do hot en Näächafigur ous Spretz-
guss em Schneieresetz noo em rengestochene Grosche ganz
brav genickt, on die Doarfkenna schon bei Zeit zu dankbar
aangenommene Opfergawe erzoh. Dotemet es aach gleich
die onnageordent Roll von däne em Elend läwende Afri-
kana schon bei Zeit en die zarte Seelcher von dä kläne Biche-
beiener Chrestekenn renngekratzt wor.

Met däm zwäte Glockeläiere sen die Männa, Fraaleit,
Bue on Mäd von da Bäckasch Heh on ousem Wiesegrond
met ehre Gesangbiche an uusem Kichefensta an da Haupt-
strooß vabei gezoo. Dodehenna hot mei Modda dann of Ge-
sellschaft gewaat, wenn meine Vadda ous echentänem
Grond net merra gehn konnt ore wollt. Ehepaare sen ganz
brav on gänseidisch engehookt vabei gang, on änzelne
Weiwa met eere Koppdiecha hon Kontakt gesucht zu an-
nere Weiwa, weile se offem Wäch en die Keach e bissje
schwätze wollde.

Ganz bewosst werd bei meinem Reckblick of die 50er
Joahr noor von Männer on von Fraaleit geschwätzt. Schon
die Reih von der Offzielung es se beachte, weil se doch däm
männliche Dääl von da Gemään de Vorrang zuweist. Als
"Damen und Herren" hon sich uus Vorfahre selebst net ge-
fielt, dat ware nor "die ous da Stadt". Die Kerchegänga ou-
sem Onnadoarf, die also östlich vom Backes, dä jo en da
Mette vom Doref gestann hot, gewohnt hon, hon die ousge-
trärene Stufe von der steil Stääntrepp, die zwische däm Par-
rhous on däm alte Schoolhous doorschgang es, als Wääch
zum Seiteengang von uusa Keach benotzt. Die Leit ousem
Iewadoarf on däm Inkawäch sen doarch die Hauptdear an
da Voraseit vom Toarm erenn gang.

Em Joahr 1926 hot de Stäänmetz on Künstler Heinrich
Verhoff no äner Vorlaach von Karl Friedrich Ströher ous Er-
menach iewa däm Hauptengang von dä Kerch en Ehremol
fo die gefallene Soldate en de Stään engemäßelt. Sesamme
met däne zwo Tafele an de zwo Seite von da Deer mahnt
dat die Doarfgemänschaft an die Schrecke von däm Kriech

von 1914 - 1918, on no der Wierehuulung von dä groß Klopperei von 1939 - 1945 an die Schrecken von däne zwo Krieche. Die ällere Leit ware dodeno idiologisch on polidisch manchmo noch emma e bissje broun gewääs. Dat hon meer Schoolkenn gemerigt, wenn ma onna da Leitung von uusem Lehra, dän ma ähnfach noor "de Emil" genannt hon, jed Joahr am Volkstrauerdaach, dä domols noch ganz vaherrlichend "Heldegedenkdaach" genannt wor es, ganz feierlich met heroische Gediechte on Liere die deitsche "Helde" von däne zwo Kriech gewürdicht, betrouat on geehrt hon. Do hot gelähentlich aach de Uafoaschta, die em Osten valoor Heimat betrouand, sei völkisch Reed gehall.

Dä Künstler ous Ermenach es erscht ziemlich spät zu Ehren komm, awwa er es merrem großformadische Wandbeld en änem Roum von meina ehemalich School en Bichebeiere nochemoo vaträät. Titel: „Der Sähmann".

Henna däm Hauptengang on noch vor der Ennedeer en dat Keachescheff geht rächts die zwodälich Trepp hoch of die Bootkeach. Of de zwo Seite von däm noo vore abfallende Mettelgang bestemme aach hei die gleiche broune on kluische Bäng met de hatte Setzfläch on dä steile Lehne, wie em Hauptdeck dodronna, dat Beld. Fo dä geläentlich aanwesend Gesangverein oore de Keachechor war on es et en gure Platz.

En alt Ordnung fordert gleich noo däm Beträre von däm sakrale Raum von de kläne on große Bue, dett se ehr Kappe on Hiet abduun, on von Ehepaare en onofgefordert Trennung der Fraa von ehrem Mann. Dodeno muss er of da rächts on sie of da links Seit en de Bäng en Platz fenne. Die christlich Seefahrt hot schon emma die rechts Seit als die fein on vornehm Häleft vom Scheff betracht. Die Enweisung von de Fraaleit en de linke Dääl von däm Keachescheff war noch lang so moore. Dat war aach so en hennalestich Form von Onnadreckung on Zorecksetzung von de Fraaleit henna die Mannsleit. Es dat hout aach noch so?

An Festdae, besonnasch an Heilichomend, muust ma sich noch friea wie sonst of de Wäch en die Keach mache. Aach met däne em Mettelgang zusätzlich ofgestallte Stiehl ousem Bätsaal konnt die Keach die Vollvasammlung von däm ganze Doref dann net ofnämme. Doch zwische de Johre hots schon wiere Licke gen of däne normale on onbekwäme Setzmewel.

Domols hon noch zwo große freistehende Ue met ehre lange, bes zu de kahle Wänn hien langende schwaze Ue-rohre en da Keach gestann. Henna jedem Ue ware noch gre-ßere Hetzescherme ous Eise on denäwe en große Haaf met Brennholz on aach Kooks. Dodemet hot ma em Wenda die kalt Keach e paar Grad wärmer gemach. Wenn ma zu viel gestocht hat, dann hon die Ue alsemo roore Bäckcher kriet on die schwaze Rohre sen aach root wor. Die ällere Leit hon sich gäre en ehrem dunkelschwaze Soondachsstaat om die zwo Ue eromm gesatzt, besonnasch dann, wenn die ähn em Wenda gewearmt hon.

Ganzjährich beliebt ware die Plätz henna de Ue, hon die doch ouer der aanhämelnd Werem em Wenda aach dat ganz Joahr iewa en praktische Sichtschutz of die Kanzel ab-gen, on vor allem aach omgekehrt. Do hot sich noa ganz aanstrengenda Woch so manch abgeschafft Oma on so manch ousgezehrter Oba for die Läng von da Prericht en Stickche Privatsphäre vaschafft, en ganz persenlich Ouszeit, en der aach emo en Aau zufalle, on en erhulsam Nickasche so lang onbemergt bleiwe konnt, wie et die eiene Geräuch-entwicklung net varoot hot.

Die drett Offorderung fo de Keachgang koom met der geballt Kraft em volle Klang von däne drei Glocke. Die fo se läiere engedäälte Konfirmande harre sich dodefor em Ke-achtorm ordelich in die Sääle se hänge. Die groß Glock wollt fo dat Erklinge von ehra dumpf pochenda Stemm von vier starke Arme gezoh wäre. Die meddelst Glock hot sich met änem kräftiche, awwa geschickte Jungmann sefriere genn, noor die klää Glock hot aach änem Aanfänga pareert. Houtsedaach däät dä schwer Froondienst von däne halbstaake Bue em Keachtoarm en Mannschaft met Aawetshänsche on gäle Bouhelme of de Plan rufe. Net selte hon sich die junge Gleckner beim Abbremse von der groß Glock so fest an dat Zuchsääl gehonk, dat se met däm große Schwung von der Glock no ue geress wor sen, wo se sich dann ehre Schwelles an däm quär laafende Balke dodriewa geknuppt hon. Trotzdäm war dat Glockeleiere bei uus Bue emma ganz beliebt, doorft ma doch bei der Veranstaltung of da Bootkeach setze, on von ue- ronna of die vasammelt Gemän on sogar of de Parre of seiner Kanzel eronnagucke.

Die großziechich Setzgenähmichung em 1. Rang war aach neerich wäe dä erneut Aawet bei der Produktion von der akustisch Beglätmusik an die Leit em Doref bei däm vom Parre abschließend geschwätzte Vaterunser. Letztendlich hott's noch goll, noo der Aankennichung von dä nächste keachliche Termine, on der Abkennichung von dä en da letzt Woch gestorwene Leit an die noch vasammelt Gemän, am Enn von der Setzung, noch dat Ousleiere met däm volle Glockeorchester se besorje.

Net noor die Glocke muuste von Mensche bedient wäre, aach die Orjel hot domols noch net elektrisch funktioneert. Links näwa däm Orjelinstrument met dä viele Paife war onne de Bloosebalich on uedriewa de Spieldisch fo die Orjel engebout. Fo de Organist es an da links Wand en klä on no rächts geschwung Trepp eroff gang. Zwo Bloosebalichträra ous däm Kräs von de männliche Konfirmande harre sich noch vor Aanfang von da Keach en der klä Kammer met däm arabisch Fensterche onna däm Spieldisch ensefenne. Fo die stännich Vasorjung von däm Peifeinstrument met Druckloft als Treibstoff, muuste die Bue die Pedale von däm Gerät emma en Bewächung halle. Dat Ensatzzeiche es dorch en feste Fußtriet von der Orjelbank uedriewa kom, wo die Schwester Änne on aach annere Künstler ehr musikalische Dienste em Laaf von de Joahre noo bester Maneer abgeleist hon. Met däm letzte Glockeschlaach es de Parre en seinem schwaze Talar on däm weiße, frisch gebiechelte zweizippeliche Bändche onna däm noo voore gestreckte Kinn on ohne Kapp, würdevoll wie en Kapitän offem Kreizfahrtscheff, en dat Keachescheff erenn komm. Er es net äänfach so gang, er es iewa dä rot Sisaldeppich no voore an de Aldar geschritten, on hot die Biewel fest in seine fromm vereinichte Hänn gehall. Dodebei sen die Leit ganz ehrfürchtich ofgestann on hon noem geguckt, die Orjel hot aangefang se spiele, on die Bue henna däm arabisch Fensta muuste so kräftich die Pedale träre, darret manichmo en der Meschanik von däm Blosebalich gequietscht hot. An da links Seit vom Aldar hon die paar altmännliche Presbyter of äna von däne drei quär stehnende broune Bäng gehockt. Dieselwe Setzmewel hon aach of da anna Seit von däm Aldar quer zum Keachescheff gestann, wo bei besonnere Aanläss gelähentliche Metgestalta von de Gottesdienste, wie de Gesangverein ore de Frauenchor, en zeitweis en Bichebeiere exisdeerender Posaunechor, dä vom Schmieds Dick end Läwe geruf wor war, en auswärtiche Musikverrein ore die Akteure vonnem Laienspiel ehre Platz harre.

Weile hot die Frau Pfarrer, die em Doarf awwa noor „die Parrich" gehääß hot, on so näwebei aach Housmästa- on Küsterdienste varicht hot, die zwo Engäng von da Keach zugemach. Wer zu spät kam, muußt weile drous bleiwe.

Schon bei seinem feierliche Enzuuch en die Keach hat dä schlou Parre sei Schäfcha en de linke on de rächte Bäng schon ganz vascheicht on prüfend aangeguckt, on dodebei aach manchmo Mängel en da Setzordnung festgestallt. Bei schwere Positioneerungsfähla von däne ihm aanvatroute Konfirmande horra sich net gescheit, spära von der hoch Kanzel eronna dat se korrigeere, on die Falschsitzer dorch namentliche Offrufe en die veräschte Bang onna seinem Hochstand se zwinge.

Die Bouere ware jo schon emma vom Wäre abhängich. Dat hot se von jeher zu ganz eiene Deutunge von däm 3.

Gebot (Dou sollst de Feiadaach heiliche) vaanlasst. Vor allem em Suuma, wenn et viel geränt hot, on de Hiemel de Leit offem Land noor wenich gut Wäre fo dat Haaumache on dat Korabmache bescheert hot, dann war gelähentlich Sonndaachsawet angesaat! Sich selbst gäniewa hon se dat dodemet gerechtferticht, endäm se ganz selbstbewosst ehr eiene Ernteawet von däne Feldfrichte, die de Liewe Gott jo waase geloss hot, en de selwe hohe Stand erhob hon, wie de Parre seine Gottesdienst en da Kerich. Doch en der vom Glockegeleit so scheen akustisch engerahmt Gottesdiensts-tonn hot ma dann doch bessa net drouß geschafft, do hott ma Recksicht droff genomm, ma konnt jo nie wesse...

Die Liturgie onna däm Keachedach war emma die selwe Leia. Se hot wenich Schwung on Lebendichkät ousgestrahlt. Of meich hot dat emma so steif, bedreckend on aach abge-griff geweakt.

Langweiliche Liere, die noo däm stomme Gehääß von däne kläne broune Holztafele an dä kahle Keachewänn, wo die Nommere ousem Gesangbuch droffgestann hon, oft vielstroofich abgesung wäre muuste, hon sesamme met dä Orjelmusik ganz denn doorch dat hoch Keachescheff geklung. Wenn ma die Texte net ousewennich konnt, sen se ähm em Häls bal steche blieb, on die Teen hon noch nettemo dat Ohr von däm Banknobaar erreicht. Wenn ma die Texte awwa gut kannt hot on die Liere en ordelich Melodie harre, dann hon se awwa aach ehr Sänger fon, on de Raum war voll met Musik.

Wenn von uus Konfirmande dann aach noch als Stroof fo ergendebbes, ore gar fo wergelich begangene Untate, bes zum nächste Onneriecht em Bätsaal die Preericht abge-schrieb wäre sollt, dann muust ma sich of däne väraschte Bäng onna da Kanzel ganz staak of die Worte vom Parre ueronna konzentrere on aach Notize devon mache. Dat awwa war gar net so äänfach, weil dä ziemlich hälich on aach ganz näselich geschwätzt hot. En Mikrofon hots noch net genn. Met däm Vortrachsstil horra däne alte Leit henna de zwoo Ue wahrscheinlich en große Gefalle gedoon. Fo uus Preerichtstudente onna da Kanzel awwa war dat en genau so gut Schloofmettel, ma konnt koum bei da Sach bleiwe.

Dat Vaterunsergläckche am Enn von der Vasammlung hatt fo die Konfirmande in de erschte Reihe en erlesend, on fo die, henna däne Ue ruhende ällere Leit, en ofschreckend Weerkung.

Aach die steife Presbyter of ehre Querbäng links vom Aldar harre dat Gleckche gehoort. Zwoo von däne sen dann korz vor dääm Ousleiere ofgestann, on hon sich gemächlich an die Keacheousgäng begän. Do hon se dann met gesenkte Kepp von däne ous däm Keachescheff von Bord gehende Leit die blechern scheppernd Kollekte en die vorgehallene Bronzedella engesammelt. Die merchdens selbstloos Vawennung von däne Opfergaawe war vorher vom Parre von da Kanzel eronna schonn bekanntgemach wor. Bei gewehnliche Gottesdienste hot sich dä Sonndaachsgrosche ous de abgeschaffte Hänn von der wenich begüdert Landbevelkerung buchstäblich of die grienlich Münz beschränkt, wo vore die Zahl 10 on henne dat klä Bähmche ofgeprägt ware. Manche Leit hon aach zwo Grosche gen. Kläne Selwalinge, also 50-Penning- ore Maaksticka sen noor hie on do mo en die Della rengefall. Vielleich hon die Leit aach gemähnt, die zwo ensammelnde Keachemänna met däne ronna geklappte Käpp kennte bei gibbelgäwische Spender of däne ehr schlächt Gewesse schließe. On en schlächt Gewesse wollt doch käna weise.

Akustisch wenicher offälliche Spende von werthaltichem Papeia ous da Brieftasch vom linke Ennesäckel von de Männer ehrem Sonndachswammes, sen noor an de hehere Feiadaach wie Weihnachte, Ostere ore bei festliche Familieanläss met Bedaacht en die Della gelaacht wor.

Dodebei hot ma merrem ganz vastäänate Gesiecht riechtdous geguckt, om seine Trennungsschmerz von däm bloe ore gar griene Schein weltmännich se iewaspiele.

Em Rech

Watt eich ouch gleich vaziele, hot sich zwische da Abodeek on Geibs Schoua, wo fria aach die alt Frau Müller gewohnt hot, abgespielt. De Jögen, de Balle Pitt, de Wempel, de Eu on eich ware debei. Domols hot of däm Platz, wo weile schon lang dat Friseergeschäft es, noch kä Hous gestann. Et war en freie on vawildata Platz zwische de Häisa, dä hennenous en klä Bärchelche hat on vorenous nohm Trottewa on da Strooß hien flach abgefall es. Et war en gatting Stell, fo dä Audoräf, dän meer Bue vom alte Köhla kriet harre, eronnarolle se losse.

So hommat dann aach gemach. Ue of däm Berchelche honn zwo Mann von uus met däm große schwaze Rääf gestann, on drei honn onne die Sach noo da Strooß zu abgesichert. Dohenna war nore noch dat Trottewa on dann kam die Strooß, wo domols aach schon e bissje Vakea gewääs es. Ue, henna däm Hubbel, es en der Zeit en Bichebeiere grad die Siedlung gebout wor, fo die Leit, die spära offem Fluchplatz schaffe sollde. Die Meiere hon uus von ehre Geresta zugeguckt, wie meer dä Audoräf merrem ordeliche Schwung ue of däm Berchelche aangeschubbt, on wo onne de Wempel on de Eu en lang Stang als Sperr festgehall hon, fo dä Räf so ofsehalle, derra net of die Strooß laafe sollt. Dat hott awwa net geklappt. Weil dat Gelände oußa hubbelisch aach noch ganz schäpp war, es de Rääf delangst gelaaf, riechtewäch of die Strooß zu. Do hot de Balle Pitt noch schnell proweat, die Notbrems se ziehe. Met Todesvaachtung horra sich en dä Rääf geschmess. Awwa dä war zu groß fo dä klä Käll, er es änfach weiere getruurelt, riechtewäch of die Strooß zu. Gleichzeidich es onneroff so en klä broun Personeaudo aangefahr komm, bei däm die Deere scheins ous Holz gemach ware. Et hat noch en alt Nommascheld von der Franzesich Zone, wo links die zwo Buchstawe „FR" en weißa Faarb ganz klän on iewananna of en schwaze Onnagrond geschrieb ware. Wie et dann schon nächst bei uus vabeigefahr war, es use Rääf em rächte Winkel an die hennascht Stoßstang geplotzt, die met zwo oschärische Halterunge an däm Audo festgemach war. Of da links Seit es dat Ding dann sofort of die Strooß gefall on hot Funke geschlaan. Mänta dann, dä Käll en däm Audo hätt aangehall? Er es äänfach weiere gefahr, die Bäckasch Heh eroff, on hot die abgeress Stoßstang henna sich hergeschlääpt. Dä Rääf es am Bordstään laie blieb on meer Bue sen abgehau. Die Meiere von ehre Geresta hon uus noch noogeruuf: „Weile awwa nix wie fott!"

Spära homma dann gemäänt, dät dä Käll dat Audo vielleicht geklout hat, ore därra ebbes anneres vadachseert hon muust. Harre ma vielleicht doch noch en guud Weak gedoon on en Spitzbu an da Flucht gehennat?

Denoo harre ma nadeerlich aach en schlächt Gewesse on honn schon iewalaacht, wann dann dehäm die groß Schännerei komme däd. Awwa aanscheinend hot kääna ebbes metkriet on die Meiere hon aach neist vazielt. Doch uus Eltere misse gemerigt honn, dätt ebbes vorgefall war, weil meer nämlich an dä nächste Daae all so braav gewääs ware.

Kerberich

Kerberich offem Honsreck es so alt wie kä Kuh wäre kann. Eich kann meich noch an die 700-Joahr-Feia erennere, dat war em Juli 1949. Dat es en da Stadt groß gefeiat woor merra Ousstellung von ditt on datt on däm on däm fo all die Leit, wo komme wollde. Domols war eich grad fönnef Joahr alt on meer sen omens en die Stadt gang, wo et en groß Foua-weak gän hot. Dodebei hat eich so en Angst for där Knalle-rei on däm Foua am Hiemel kriet, dätt meer dat Enn von däm kenstlich Gewiere gar net abgewaat hon on häm gang sen.

Doch wie so e paar Joahr vagang ware, hon die Kerbricha gemerkt, dat se dat groß Jubiläum 10 Joahr zu frieh gefeiat harre. Dat hot däne awa net so viel ousgemach, doo es änf-ach nochemo gefeiat wor.

Bei dä erscht Feia war dä Kriesch noch net so lang erom, doch meer kläne Kenn harre dodevon joo neist me metkriet. Nor die viele Männa an Krecke met änem Bään oore die met noor änem Aame on die valompte Bärela, die domols noch oft an die Housdeere von de Leit komm sen on en Schmeer hon wollde, sen meer noch gut em Kopp.

Do sen aach manchemo die Franzose met ehre Schiebs of uusa Bahnhubstrooß on vor da Molgerei on Fuchse Wert-schaft romgefahr, on meer Kenn sen dann emma om däne ehr Audo gelaaf on hon met dä junge Soldate geschwätzt. Doch die on meer hon neist vonnanna vastann. Die ällere Bue hon als zu uus gesaat, dät meer zu däne "Tü e fu" saan sollde. Watt dat senn sollt, wosste ma nadeerlich net.

Die Strooß zwische däne Heisa on dä Bahnschiene war uuse Spielplatz gewääs, wo ma Dopp on Rääf geschlaan hon, Kästche sprenge gemach on Klicka gespielt hon. Aach hon eich doo dat Radfahre geleat. Offem Herrenrad hot dat noor ganz schäpp on wackelich onna da Stang gang. Et es joo aach koum mo en Audo do gefaa. On wenn en klä Last-audo merrem Holzvagasa hennedroff komm es, dann es dä aach manchmoo näwa uusem Hous of Wewasch Woo gefah, wo er gewoo wor es. Wenn kä Audo of da Woo gestann hot, dann hon meer Kenn met uusem eiene Schwung die Woo gäre mo so lang hien- on her geschockelt, bes se an die Ränna geknuppt es. Dat hot uus so lang Spass gemach, bes de Herr Wewa ous seinem Hous gefletzt kam on uus vaschennt hot.

Links näwedraan hon Schreinasch gewohnt on henna däne ehrem Hous war dat Säeweak von Kunze met dä Looreschiene offem Gelände on met äna Drähscheib, wo ma die eisene Kippwaan droffschubbe on of en anna Glääs dirigeere konnt. Sonndaachs, wenn doo net geschafft wor es, hon sich e paar von uus Kenn en die Waan erenn gesatzt on annere hon uus iewa die Schiene geschubbt. Aach homma uus gäre of die rond Drähscheib gesatzt on so lang rond drähe geloss, bes et ähm schlächt wor es.

Em Suuma, wenn et waam war, sen ma aach gäre an Sobbese Weia gang, wo et Molche, Fräsch on Mollekäpp gen hot. Am Rand von däm Weia war en weiche Somp wo aach Parreschwänz em Schelef gestann hon, die ma genau wie dat Gedier ous däm Weia gäre met häm genomm hot.

Eich wäs noch, wie ma ämo of uusem Huub en Sou geschlaacht hon. De Michel August ous Denze hot dat sesamme met meinem Vadda gemach. Am nächste Daach es dann en usa Kisch die Woarscht gemach woor. Dodenoo hot meine Vadda däm August fönnef Marik en die Hand gedreckt fo sei Aawet. Naderlich horra aach ebbes von der Woarscht metkriet on aach Woarschtsopp en da Melichkann on sogar noch en Kotlett.

Weile harre ma nochemo ebbes ordeliches se esse. Awwa morjens hots emma noor Brot gen, wo of die ä Seit von da Schmeer die Magarine denn droffgekratzt wor es, on of die anna Seit die selebst gemach Marmelad ore Gelee. Onna uus em Hous hot noch en Bahnfamilie gewohnt, wo die Fraa Kläre gemach hot. Ousewennich an da Houswand hat die en weiß Emalljescheld offgehonk, wo met schwaze Buchstawe droffgestann hot: "Lu Rode Schneiderin".

Noo däm eich awwa bei däm Zielwerfe met änem Schottastän von däm Bahndamm dat Scheld als äänsicha richdich troff hat, hot die Fraa bissje annascht gehäß.

Em Suuma, wenn et häß war, hot uuse Vadda meich on meine Brure gäre mo en dat Ränfass erenngestoppt, met däm am hennaschte Abfallrohr von däm Känel dat Wassa vom Housdach fo de Gaade offgefang wor es. Dat war die erscht greßa Wassaerfahrung, die meer gemach hon.

En da Woch muusta meer zween omens emma bei Gudmanns noo Denze met da Aluminiumkann Melich huule gehn. Die war ganz frisch met de Hänn gemolik on de Lita hot 40 Penning kost. Wenn ma dann offem Reckwäch bei Diele an dä Bahnschranke waate muuste, hon ma die Melich en da Kann gär mo am lange Aame paarmo iewa de Kopp eromgeschlenkat on uus dodebei gewonnat, dät neist erousgelaaf es. Dat war uus erscht praktisch Physik-Experiment, on ma hon et aach gleich begreff.

Daachsiewa homma doo aach gäre mo en Penning of die Schiene gelaacht on geguckt, wie de Zuuch dodriewa gefahr es. Nomedachs em drei kam e paarmoo die Woch de Leik ous Siemere von Onzeberch eroff. Dann war die School jo romm on meer harre Zeit fo so Spielereie. Wenn dä Zuuch vabei war, war dä Penning noor noch en bräät on platt Stick Kupferblech.

Ämo war meer of da Strooß, wo ma emma gespielt hon, en annere Buu met seinem Rolla iewa dä links Arme gefahr, do ware kabutt. Do sen ma en die Stadt bei de Dr. Hüsen gang on dä hot mei Modda on meich no däm Vagipse no Siemere end Krankehous geschickt. Von de Eldere von däm Bu hon eich dann alsemo en Gänseei kriet. Die harre nämlich zwai Gäns en eerem Perrisch em Gaade.

Eich war noch kä sechs Joahr, wie eich dann en die School erenn kom sen. Eich war nor äne Daach henna däm Stichdaach fo dat Enschoole gebohr, on fo dä ä Daach muuste ma en extra Bescheinichung vom Dokta hon, dät eich fo die School nemme zu kroppich war on offgenomm wäre konnt. Domols hots noch die ev. Volksschool an da B50 gen, am Graawe, gäniewa von da Schied.

Meine erschde Lehra war de Herr Hermann. Die meddelst Klass hat de Herr Vogt, on die iewascht Klass hat de Herr Schittko onna da Fuchtel. Domols hots en da Schoole noch die Schulspeisung gen, die es dann awwa aach bal abgeschafft woor. En de Pouse hot ma sich of da Strooß on däm Platz om die School erom offgehall, Stään en dä Stadtgraawe geschmess on Nolafe gespielt. Äämo, so wääs eich noch gut, hot meer mo en wiericha Enderisch die Box varess. Dä es äänfach merrem lange Hals ganz schnell of meich zugerannt komm, on hot met seinem lange Schnaawel so lang an meina Box erommgezerrt, bes se kabutt war. On eich honn gebrellt. Doch meine Vadda hat mo Schneiere gelehrt, dä hot dehäm die Box dann wiere geflickt.

En der Zeit, wo eich ouch weila ous meinem Läwe en Kerberich vazielt hon, hot ma en Loutze schon aangefang, de Fluchplatz Hahn se boue. Met dä Ziech onneroff ous Onzeberch kamde die erschte Amis on do hon eich die erschte Schwaze gesien. Noch besetze eich dä selverich Rink met däm flache schwaze Stän on däm selwerne Adler uedroffdroff, dä äna von däne Kerl ousem Fensta vom Zuuch geschmess hat, genau vor mei Fieß.

Einschulung 1951
Ev. Volksschule
Kirchberg/Hunsr.

Die Stobbepisdol

Et war am 1. Januar 1954 ore 1955, wo meine Brure on eich met uusa Tande Else of däm Gelände spazeere gang sen, wo grad dä Fluchplatz Hahn gebout wor es. Em Säckel hat eich mei Stobbepisdol on aach e paar scharfe Stobbe, die ma voore en dä korz Laaf von der Pisdol erendrecke konnt.

Dat Gelände vom Fluchplatz war noch net abgesperrt, on ma konnt frei rom laafe. Iewerall es gebout wor, Häisa, Strooße, Bunga on aach große Halle. Wie ma an äna ganz großa Hall ous Wellblech vabei komm sen, hon eich mo die Deer offgemach on do rengeguckt. Die Hall war nächst so groß wie uuse Sportplatz en Bichebeiere on ganz leer. Ou, daacht eich, lo kannst de mo scheen erennknalle!

Dann honn eich äne von däne Stobbe ous meinem Säckel voore en die klä Pisdol erenngedreckt on dat Ding dann en der groß Wellblechhall abgedreckt. Dat hot vielleicht geknallt on gescheppat! Meer drei ware selebst ganz scheen vaschrock on hon gleich noo alle Seide geguckt, ob uus aach käna sien däät.

Et hot net lang gedouat, do sen iewaall die Sirene wie well gang, on die Airpolice es met eere Jeeps erommgerannt. Et war en forschbar Offräächung em Gang.

Uus drei, en brav Fraa met ehre zwo Bue von nein on ellef Joahr an de zwoo Hän, hon die awwa gar net esdameert. Aandouand sen se met ehre Blinkliechda on Sirene ganz schnell an uus vabei gefletzt. Die hon wahrscheinlich noem Sabodaaschetrupp merra großa Kanon gesucht.

Beim Zahnarzt

En der Zeit, wo meer noch en Kerbericht gewohnt hon, ware mei Eldere et ähnzich Mo en ehrem ganze Läwe en Orlaab gefahr. Se ware met änem Freifahrschein von da Bahn en Woch an de Bodensee. Die Fahrt hot neist kost, weil meine Vadda jo bei da Bahn geschafft hot. On weil meer zwo Bue noch klän ware, kam uus Tande Else ous Bichebeiere no Kerberich fo of uus Källscha ofsebasse. Ousgerechend en der Woch hot bei meer dann ämo en Zahn gewackelt. Die Tande hot gesaat: "Dann gehste bei de Zahnarzt on lest dan robbe".

Se hot uus zween 3 Marik genn on bei der Gelänhäät sollde ma ous da Stadt noch en Kopp Salat metbrenge on an Lenne aach en Zeidung merrem Radioprogramm kaafe. Dann semma met däm Geld von uusa Bahnhubstrooß fottmascheert en die Stadt.

Zum Glick sen ma zeerscht bei de Zahnarzt gang. Dat war domools de Dr. Jacobs, dä an da Eck von da Kappela Strooß sei weiß Villa on sei Praxis hat. Dat war gleich gäniewa von däm alde Lehra Göhl, dä emma met seina Baskekapp henna der hoch Moua en seinem Gaade eromgemengt hot. Beim Zahnarzt hon eich meich dann of dä Platz gesatzt, wo a ma angewies hot, on dä alt Dokda hot meich met däm ganze Stuhl eroffgepompt, derra sich net so weit bicke muust.

Koum war de Zahn drouß, sen eich von meinem Stuhl eronnaklomm on däm Zahn hennaher gefletzt, dä onna so en weiß Schränkche en die Eck geflutscht war. Eich wollt dän doch met hemm nemme on meinem Vadda weise.

Warret dann koste dät, hon eich ihn dann gefroot. "Ei 3 Maak" horra do gesaat. Do ware ma uus Geld schon gleich all geweit woor. An däm Daach hots bei uus kä Salat on kä Zeidung me genn.

Dat Krombeerefoua

Wenn em Heabst die Krombeere ousgefah ware on dehäm em Kella gelään hon, muust ma die Sticka wiere fo die nou Soot met Koor, Wääz ore Wendagearscht feddich mache. Beim Ousmache von däne Krombeere war dat Krout joo merchtens schon wellich, on wenn dann die Sonn noch scheen geschien hot, sen die String aach noch so gut gedärrt, dat ma se vabrenne konnt on net all merrem Pluuch onnafahre muust.

Eich war vielleicht 12 Joahr alt, wie eich en de Krombeereferie an änem ganz sonniche Herbstdaach met meinem Henne Oba of uus Stick gang sen, fo doo die Steatz sesamme se schärre on se vabrenne. Meer sen net doarcht Doarf gang on die Beckasch Heh enoff, wo die Emma-Goot ehr Wertschaft hat met däm Kirner Bier. Mehr sen de Inkawäch enoff gang, dann bei da Molgerei iewa die Bahn on an Dokdasch Gaade vabei direkt of dat Stick an da Enkerischa Strooß. Eichentlich hot dat Stick jo an da Strooß no Loutze gelään, doch ma hot emma "Enkerischa Strooß" gesaat.

Von dehäm harre ma fo uus Aawet jeda en Reche on en Gawel metgenomm, met däne ma die därre Krombeerestring, die of däm ganze Stick vastranzelt ware, zeerscht e bissje sesammegeschorr, on dann dodevon e paar Hobbe gemach hon. Met dem Oba seinem Fouazeich homma dann die Hobbe met däne getreckelte Steatz angestoch. Wie se dann so scheen gebrannt hon on aach schonn e bissje Glut do war, homma e paar Krombeere, die noch do romgelään hon, en dat Foua gelaacht on merrem Stäckelche eromgescheiwelt, dät se net gleich so vakuult sen. Noo e paar Minute ware se so weit, dat ma se rousschärre on esse konnt. Hon die gutgeschmackt! Vorher awwa muust ma die vasengte Schaale von dä hääße Krombeere met de Finga abpelle.

Wie die Meddachsglock gelout hot ware ma feddich, on hon uus of de Wäch gemach fo häm se gehn. Weile es uuse

Wääch awwa an Beckasch vabei gang, wo de Oba sonn-
dachs gäre met seine zwo Freinde ousem Doref engekehrt
es on sei Bierche getronk hot.

An däm Daach war et joo soo warm gewääs on meer
zwoo harre beim Schaffe on beim Esse von däne trockene
Krombeere aach so richdich Doorscht kriet. En da Wert-
schaft hot de Oba bei da Emma-Goot gleich zwo Bier be-
stallt, end fo seich on end fo meich. Et war uus allezwoo gut
bekomm, awwa dehääm solld eich dodevon neist vaziele.

Dat Korabmache

Wenn dat Haaumache vabei war on dat Krest iewa däm Kiehstall bes onna dat Dach vollgestoppt war met däm frische Kiefuure ous däm wälliche Gras, dann es bal die Reih and Koorabmache komm. Dat war dann merchtens erscht noo däm Bichebeiena Fest. Dat Fest es emma am letzte Sonndach em Juli gefeiat wor, on mondaachsmorjens hots offem Festplatz an da Tornhall Spießbrore gen.

Wenn et Wäre trocke war, dann es en der Zeit alsemo schon die Wendagearscht gemäht wor. Dat war emma die erscht Fruucht, die abgemach wor es. Dodenoo kam dann erscht die Hawwa, dann de Wääz on dat Koor an die Reih. Sattlasch hon dann aach emma schonn die erschde Friekrombeere ousgemach, awwa die hon aach däne noch sieß geschmackt on ware noch net so gut fo se esse.

Uus Stecka met da Fruucht ware en da ganz Gemaarkung vastraut: 110 Rure an da Miel, 80 Rure em Holla, 100 Rure henna da Buch o.s.w. Wenn ma wesse wollt, ob dat Koor ore de Wääz aach zeierich genuch war, es ma ofd Stick gang on hot met de Finga die Käre ous de Ähre gepodelt on met de värachte Zenn vorsichtich offgekout. Wenn dat Gefiel an de Zenn met däm en de Henn on däm allgemäne Endrock von dä fahle Halme sesamme gebasst hot, dann war die Fruucht of däm Steck zeierich genuuch fo absemache.

En dä Zeit hot ma paarmo am Daach noo Weste en de Hiemel geguckt on em Radio dat Wääre geloustat. Wenn et e paar Daach ägelisch geräänt hot on die Loft gang es, hot sich die Fruucht gäre platt of de Borem gelaacht. Dat es besonnasch schnell bei Koor passeert, weil doo die Halme so lang ware. Wenn dann aach noch die Wicke, die Destele on die Klette dedoarch gewaas ware, hots ääm schon vorm Abmache gekroult. Oußadäm konnt ma en de Stecka aach noch die bloe Koorblume on dä rot Klatschmoon fenne. Scheen war et, wenn näwa däm eiene Stick en Wääch ore en Wies gelän hot, ore wenn dat Stick schon abgemach war.

Dann broucht ma de erscht Maare net met da Hand offsemähe. Die Aawet es von de Mannsleit merrem Reff gemach wor. Dat war en Sääns merrem Drohtbiechel am onnere Enn, dä die lange Halme beim Mähe ordelich of die links Seit geschmess hot. De Oba hot dat Ding aach "Pletsch" genannt. Wenn ma äne Streife so met da Hand offgemäht hat, konnt ma gut met da Mähmaschien of dat Stick fahre, ohne ebbes kaputt se mache.

Bes so en die Mette von dä Foffzicha Joahre es die noch bei de meerschte Bouere von zwo Kieh gezoo wor. Noor ganz wenich Bouere em Doarf harre en Goul ore zween em Stall. Dann kamde iewaall so allmählich die Bulldägg of. Et ware leichte Dinga met 12 ore 15 PS on merchdens ohne Dach droff. Awwa fo die Leit war dat schon en arischa Fortschritt. Wenn dä Bulldogg henne aach noch en Kardanwell hat, dann konnt ma dodemet de Mähbalke von da Mähmaschien extra antreiwe losse. Dat Messa met dä viele Dreiecksklinke es aach dann hien- on hergang, wenn dat ganz Forwerk gestann hot. Wenn ma die Kardanwell awwa net hat, dann muuste die Reere von der Mähmaschien iewa en eie Getriewe en da Achs dat Messa vom Mähbalke juckele losse. En platte Setz ous Eise met Lecha dren war henne an da Mähmaschien weit rousgebout. Loo hot merchdens en Mannskäll merrem lange Reche en de Hänn droffgesess, on hot rächts vor sich die frisch abgemäht Fruucht of däm bräre Leineduuch, dat henna däm Mähbalke festgemach war, fo e paar Schriet weit gesammelt, on dann portionsweis als Hääfcher of die frische Stobbele abgesatzt. Dä, wo dat gemach hot, muust met seine zwoo Hänn schaffe on konnt sich net echentwo festhalle. Wenn dat Mähwerk mo vastoppt war on et nemme voran gang es, konnt ma von do ous merrem lange Hewel aach de Mähbalke roffziehe. Die kläne Hääfcha sen dann von de Fraaleit zu äänzelne Gaawe sesammegebonn wor. Dodevor hon se die Fruucht ofgeroff, ous so em kläne Händche voll Halme en Säälche gedräht, dat om die Gareb eromgebonn, sesamme geknippt on die zwo Enna nochemo onna dat Säälche dronnagestoch. Bei däm lange Koor hot dat joo ganz gut gang. Wenn die Fruucht awwa koarz war, wie bei da Gearscht ore da Haawa, muust ma zeerscht zwoo Säälcha zu änem sesammedrähe, on dann erscht om die Gaawe eromm benne. Bei der Aawet hon ähn die dorre Destele noch ganz scheen en die Henn on die vaschwitzte Aame gestoch.

Wie dann e paar Joahr denoo die Bendemäha so ofkomm sen, broucht ma die Aawet nemme met de Hänn se mache. Die hon alles allän gemach: Die Fruucht gemäht, zu änzelne Gaawe sesamme gebendelt, die Gordel dromeromm gebonn on dann no da links Seit ofd Steck geschmess.

Wie et aach war, ma muust dann die änzelne Gaawe fo se treckele zu Kaste sesammestelle. Dodebei sen ähm die Kraane an de Aarme roffgekrawwelt on dat Koor war manchmo so lang, darret uus Kenn iewe de Kopp gang es. Die Kaste sen so lang of däm Steck stehn blieb, bes dat Stroh on die Käre trocke genuuch ware fo hämsefahre. Dat hot ma dann met däm Plattwaan gemach. Gareb fo Gareb es met äna leichter Gawel of de Waan gespesst wor. Uedroff hot de Oba gestann on die Gawe angehul. De Waan es emma heha wor on zum Schluss war die Gaawel bal net lang genuuch fo bes noo ue hien se lange. De Oba hot die Gawe so gesatzt, dat die Stompe no oußewennich kamde on die Ähre no ennewennich. Et sollt jo neist von der Fruucht of de Wäch ore die Stroß riesele.

Wenn ma dehäm offem Hub ankomm es, hot ma abgespannt on dä ganz Waan met der Fruucht droff met alle Mann en die Schoua gedreckt, on do die änzelne Gaawe met Gaawele ore met de bloße Hänn of dat Krest näwa da Dreschmaschien abgelad. Bei ränischem Wäre war die Fruucht manchmo noch net trocke genuuch. Dann hot ma alles noch e bissje of däm Krest erom vadäält on die Laare voore on henne an da Schoua offgemach, därret noch e bissje nootreckele konnt. Wenn ma drouß net so gut schaffe konnt, hot ma die Dreschmaschien angeschmess. Et es aach vorkomm, dät ma dat aach zwischedoarch mache muust, weil de Platz en da Schoua fo die nächste Fohre wiere frei wäre sollt. Beim Dresche hon eich meinem Oba ue offem Krest die Gawe zugelangt on die Streck offgeschniet. De Oba hot se dann met seine Hänn ousenanna gemach on ganz gleichmäßich met de Käre noo vore en die Trommel von der Dreschmaschin engeschoor. Onne es dat ousgedrosch Stroh von selbst en die Strohpress geruddelt, on die Fruucht es aach von allän doarch de Triechta en die angehonkene Leinesäck erenn gefall. Gleichzeitich sen die Kääb of da ä Seit en dat Kääbloch näwa de Seistell gebloos wor. Dat alles hot emma gut geklappt on forschbar gesteppt.

Die Dreschmaschin on die Strohpress sen met zwoo Lärerieme von äänem elektrische Modor met ääna doppelter Riemescheib aangetrieb woa. Alle Ritt muuste die fertiche Balle henne ous da Stohpress met da Gaawel abgespesst on en da Schoueredenn ordelich ofgesatzt wäre. Dä, wo dat se mache hat, muust aach die volle Säck met dä Fruucht abhänke on noue Säck onna däm Dreschweark aanhänke.

Wenn ma dann so nächst drei Stonn lang maschient hat, konnt ma von ennewennich drouß de Huub vor louda Strohballe nemme sien, on en Herd Säck met Fruucht hon stramm em Schouereloch onna da Dreschmaschin gestann. Wenn die Oua dann so zähn, haleb ellef gezait hot, war et Zeit fo se friehsticke. De elektrisch Modor es abgestalt wor, on all hon se sich die Nase gebotzt on die Hänn gewäsch. En da Kisch hat die Oma schon dat Friestick of de Disch gestallt: Brot, Bodda, Woarscht, Schwademae, Kässchmeer on for allem aach Äppelwein.

So en Sack voll Wääz, Koor ore Gearscht hot weit iewa en Zentna gewoo on muust offem Bockel iewa dä ganz Huub end Hous on doo iewa zwo Treppe of de Speicha getraan wäre. En däm Hous hots zwo Speicha iewananna genn, die merra wackelicha Holztrepp ohne Gelända vabonn ware. Die Fruucht es en däne Gefächa ous Bräre änfach of dä glatt Estrichborem geschutt wor. Wenn se noch net so ganz trocke war, muust se do aach noch e paarmo met da Schepp eromgeschäppt wäre, dät se net schemmelich wor es. Die Strohballe sen en da Schoua blieb. Ma hot se äänzeln an de Hooke von da Roll gehonk on so nonanna of die Kresta roffgezoo. Uenoff musst äna die schwere Balle aanhule on ordelich en die Ecke on iewananna vastoue, do, wo grad noch Platz war.

Em Wenda war dat Vieh en de Ställ froh, wenn et zweimo am Daach gut Fure kriet hot met däm scheene Schroots aus Gearscht on Haawa, gemengt met frisch gekretzte Rommele on däne Kääp ous däm Kääploch näwa de Seiställ. Aach hon die Kie morjens on omens frisch Stroh zwische die Bään gestraaut kriet. Dat Stroh hot ma awwa vorher noch an änem an da Stallwand befestichte Sänseblaat ämo en da Mette dorchgeschniet.

Die Leit en de Heisa ware froh iewa dat schee Koor on dä schee Wääz, die ma selebst so noo on noo en da Miel zu Mähl gemahlt hot, on von däm ma em Backes dann et ganz Joahr iewa dat schee Bouerebrot on de Kuuche geback hot.

De Schokoladeaudomat

Wie friea offem Honsreck noch die Bahn met Damploks gefah es on die Setzplätz en de Eisebahnwaan ous Holz ge mach ware, hots en de Wardesääl von dä Bahnhieb als en Schokoladeaudomat genn, wo ma fo zwo Grosche en Päckche Stollwerck-Schokolad ziehe konnt. An däm Ding hot neist elektrisch gang. Do hot aach kä Liechtche draan geblinkt on et hot kä Teen von sich gen. Wenn ma ebbes von däm hon wollt, muust ma aach genau 2 Grosche parat hon. Annere Menze wie Grosche hot die rot Maschin net aangehuul. Wenn ma dann onne an däm Greff von der klä Schubelad gozoh hot, hot dat Täfelche dodren gelään. Et war scheen vapackt, awwa aach foaschbar flach on schmal, on hot iewahaupt ganz ooschärisch ousgesien. Eich män, so en Täfelche Schokolad hätt grad 20 Gramm gewoo.

Et es ma net deswäe so gut em Kopp blieb, weil meer Kenn do emma ebbes draan gezoo, ore von de Alde spendeert kriet herre. Nä, et es ma deswäe so gut en Erennerung blieb, weil meine Vadda en Kerberich bei da Bahn geschafft hot, on dä Automat do onna seina Fuchtel hat. Dä Automat hot em Wardesaal vom Bahnhub gestann, genau gäniewa vom Schalda, wo ma die Fahrkarte kaaft hot. Dodoarch wara aach emma onna Offsicht, watt aach domols schon kä Fähla gewääs es.

Meine Vadda hot dä Automat rächelmäßich met noua Schokoladetäfelcha befelld on aach dat Geld rousgehuul. Omens homma dann all am Kichedisch gesess on die Grosche gezielt, en änzelne Häppcha von emma 10 Stick näwenanna offgesatzt, on emma 5 Häppcha devon Zeidungspabeia engewickelt. En jeda von däne Geldrolle ware dann 5 Mark dren gewääs. Manichmo hat dä Automat en äna Woch iewa 20 Marik engenomm, ohne dat ma selebst ebbes gemach hot. Fo sei Aawet hot mei Vadda von da Firma Stollwerck von däm Omsatz en klää Provision kriet, die meer aach gut gebrouche konnde. En dä Zeit horra als kläna Beamter bei da Bahn jo aach net viel vadient.

De Vorrot fo de Automat se felle, hot emma em Schlof-
zemma enna broun Schachtel offem Kläreschrank gestann.
Wenna nächst all war, muuste ma bei der Firma en Kelle en
nou Bestellung ofgen. Die es dann e paar Daach spära met
da Bahn geliefert wor. Wemma so om Ostere ore Weih-
nachte eromm nou Schokolad bestallt hon, dann hot die
Firma Stollwerck schomme ebbes oußa da Reih debei ge-
doon. Dat war dann hauptsächlich fo uus Kenn en groß
Freid on Iewaraschung.

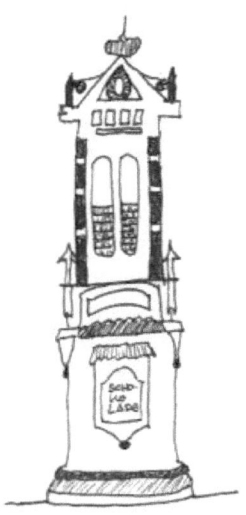

De 12-er Hanomag

Wie et en de foffzischa Johre em Doref bei däne kläne Bou-
ere so met de Bulldäg aangefang hot, do ware meer et aach
langsam lärich, emma met de Kie erommsezuckele. Die
große Bouere harre schon en Bulldog. Jo, wat hääst loo
große Bouere. Wenn äna moo 15 ore mee Hekta Land hat,
war dat bei uus schon en großa Boua. Schelawellems on
Franze harre domols schon en 11-er Deutz, de Darre en 19-
er Hanomag, de Kulessa en Allgeier, Jäbe en Fendt, Perich
en 17er Lanz on Hanjobs en 12-er Röhr.

Meine Unkel Hans hat aach en klä Landwertschaft gehat
met fönnef Hekta on noch e bissje debei gepacht. Eich war
domols 9 Joahr alt on jede Daach do offem Hub fo se helfe.
Gleich noo da School esset losgang on en de Ferie sowieso.
De Hans war kriegsversehrt on konnt met seinem rächte
Arme net so richdich schaffe. Deswäe horre en Bulldog ge-
broucht, dän a met da links Hand schalde konnt. De 12-er
Hanomag war 1954 en ganz moderne Bulldog merra ge-
polsdat Setzbank fo zwo Leit, wo annere Bulldäg nor en ei-
serne Schalesetz fo de Fahra harre. Bei uusem Hanomag hot
de Fahra of da rechts Seit gesess, wo aach dat Lenkrad war.
Die Gängschaldung muust ma met da links Hand bediene,
on dat hot meinem Unkel ganz gut gefall.

Dä Bulldog hots en zwo Variande gen, met kläne on met
große Hennareere. Meer hon dän met de kläne Hennarere
beim Maurer en Kere kaaft. Eich gläb, er hot so om die 4.500
Mark kost. Et war en leicht Bulldägche, et hot noor so om
die 17 Zentna gewoo.

Of da räächts Seit harra en Mähbalke, on dat Messa es
iewa die Kardanwell aangetrieb wor. Merrem Hewel konnt
ma dä Balke e bissje hoch hewe. Wenn ma dän awwa ganz
hoch hon wollt, muust ma dat met da Hand mache. En Hyd-
raulik hots net genn, aach net fo de Pluuch hoch se hewe.
Dat war meinem Unkel zu deia. Zwische däne zwo Setz-
plätz horret awwa en Hewel no hennerous genn, met däm
ma de Pluuch met däm äne Schaar iewa so en Nibbelstang

eroffschaffe konnt. Aach war kä Dach of däm Bulldog. Wenn et geräänt hot, es ma klatschnass woor. Awwa noo änem Joahr homma uus selebst en Dach droffgebout. Dodebei hot Bores Schmied awwa aach e bissje gehollef.

Dä Bulldog hat 6 Vorwärtsgäng on 2 Reckwärtsgäng, die ma merra doppelta H-Schaltung bedient hot. Die Technik von däm Dieselmodor war ganz nou. Et war en äänzylinda Zwotakta merrem Hubraum von 500 Kubikcentimeter. Em 6. Gang essa grad so 17 Stonnekilomeda gelaaf. Die Fußbrems es noor of die Hennarere gang, die konnt ma sogar äänsel bremse. Die kläne Vorareere konnt ma awwa leida iewahaupt net bremse. En Handbrems hots net genn. Dodefor konnt ma awwa die Fußbrems feststelle. Wenn ma en schwere Waan henndraan hat on em Beasch halle muust, hot die Feststellbrems allän dat Gespann awwa net gehall.

Aach hots en Differenzialsperr gän. Wenn die engelacht war, hon emma die zwo Hennarere sesamme geschafft. Dat hot ma gebroucht, wenn ma sich en äna feichta Wies mo festgefahr hat on so ähnfach nemme rous komm es.

Scheen wara jo gewääs, de 12-er Hanomag, awwa viel gedaaut horra net. Wenn dä mo e bissje schwerer ziehe muust, horra hennerous aarisch gequalemt. Ma konnt sien, wie met däm Qualem dat vabrannt Eel ous däm Ouspuff rousgefloh es, on die ganz Souerei ennewennich am hennaschte rächte Schutzblech on an da Ackerschien bappe blieb es. Ma hot viel Eel noogekibbe misse. Do muust de Konnedienst ous Keere doch bal schon komme, weil met de Vendile von däm Modorche ebbes net richdich war. Wie dä Schlossa offem Hub use Bulldog ofgeschrout hat, konnt eich siehn, wie ennewennich alles so klän on boppisch ousgesien hot.

Aach noo der Operation war uuse 12-er Hanomag net so staak wie die annere Bulldäg, on dat schwaz Eel es weiere henne rouskomm on hot gestunk. Wenn ma merrem Waan voll Mest die Beckasch ore Eiche Heh eroff gefah es, muust ma en de 3. Gang eronna schalde. Ohne en Waan anhänge se hon, es ma normalerweis gleich em 4. Gang aangefah. Wenn ma nor so en die Stecka ore Wiese fahre wollt, fo do ebbes se schaffe, hot ma jo net emma en Waan gebroucht. Dann hot ma von henne en selebst gebossel Pritsch ous Holz met ehre zwo lange Helzer onna die Setzbank geschubbt on do engeklemmt. Dann konnte sich do 2 Leit ganz bequäm reckwärts droffsetzt on fahre losse. Dä, wo henna däm Ouspuff gesess hot, muust awwa ofbasse, derra sei Bähn net so arisch met däm schwaze Eel ous däm Ouspuff beknaddelt kriet hot.

Wie die annere Kenn aach, konnt eich met 10 Joahr uuse Bulldog schon fahre. Ämo wollda ma of äänem Steck an da Bahn e paar Bäämcha met däm Bulldog rousreiße. Dodefor harre ma en Drohtsäl von da Anhängekupplung ous om die Bämcha gebonn. Eich hon of däm Bulldog droffgesess on hon bei Vollgas em zwäte Gang die Kupplung langsam komme geloss. Do es de Bulldog ämo vore hochgang wie en welle Goul. Wie eich dann schnell wiere of die Kupplung gedappt hon, essa wiere eronnagefall wie en Mählsack. Dat hot en Schlaach gedoon! Eich hon gekläbt, wei essa kabutt!

Kapp ab, ore wie ma ordelich grießt

So als zähnjährische Bue sen Bouasch Gerhard on eich emo em Herbst de Inkawäch eroff gang. Et war nemme so warem on meer harre uus Wämmes aan, die Hänn en de Säckel on die Kappe off de Käpp. Meer zwoo hon uus gut iewa eschent ebbes onnahall on kamde so beim Bulles vabei on aach bei Bores Schmied, wie dä grad vor seina Schmitt sesamme met däm Kort en noue eisene Räf of däm Vorsteha seine Hordewaan gezoh hot. Of da anna Seit von da Strooß hot de Schmieds Dick of seinem Huub grad sei zwoo Kie aangespannt, on von vore, de Inkawäch eronna, es uus Kellebs Wellem met seinem Stecke zu Fuß entgään komm.

Of däm hubbeliche Inkawäch, wo iewerall die frische on aach die alde Kuhflaare von de letzte paar Daach droffgelään hon, hon meer däm Wellem scheen Platz gemach on aach so näwebei "gondach" gesaat.

Doo horra uus zwoo awwa aangehall, seine Stecke hochgehoob on als demet en de Hiemel gestoch on uus dodebei ordelich vafäät:

"Meer hon bei uusem Scholmästa gelehrt, wenn ma als Schoolbuu of da Strooß ellere Leit begähnt, dann dut ma drei Schriet vorher sei Kapp ab, guckt die Leit aan on seet ordelich gondach! Drei Schriet weiere dut ma die Kapp wiere of. Hot ma ouch dat net beibraacht?"

Krombeeresopp on Scheppkiechelcha

Wenn mei Fraa meich alsemoo fräät: "Wat soll eich dann hout moo koche?" ore: "Wat essde dann moo gäre?", dann saan eich gemäänehand: "Krombeeresopp on Scheppkiechelcha!"

Jo, nää, eichentlich schwätzt se joo Hochdeitsch, se fräät also: "Was soll ich denn heute mal kochen?" oder: "Was isst du denn mal gerne?" Mei Antwort awwa hot se schonn gut vastan.

Die hott se deswäe vastann, weil eich beizeit dodraan gedaacht hat, dat Rezept dodefor von meina Modda se kriee. Wie die domools so e bissje schockelich wor es, homma se so oft offem Hunsreck besucht wie et grad gang hot. On weil se en eere letzte Joohre aach schon emma zu meina Christa gesaat hot: "Och, koch dou doch hout!" do hot die dat aach gemach. Eich hon se dodebei awwa gefroot, wie dit on dat so gehn on gemach wäre däät. Eich wollt dat do aach ganz genau wesse. Do hot se gesaat: "Fo die Sopp brouchst de Krombeere, Moorde, Porree, Fleichbrie ore Brie vom Hinkel, Speck on vielleicht noch e bissje Maggiebrie ore Salz.

Die Krombeere dust de schiele on die Moorde dust de en Scheiwe schneiere.

Dä Porree must de botze on dä helle Dääl devon dust de aach klän schneiere, dat Grien dust de fot.

Dann dust de dat alles en en groß Deppe on so viel Brie debei schiere, bes alles bedeckt es.

Weile werd alles sesamme gekocht bes et weich es, dann kannst de et em Deppe met da Kichemaschien muuse on met Maggiebrie abschmecke.

Weile dust de Speckgriewe en da Pann ore em Diechel ouslosse on die dann en die Sopp erenn rehre.

Dann es die Sopp feddich!"

"Jo, saat eich, dankescheen, awwa wie micht ma dann die Scheppkiechelcha?"

Dat geht so, saht se:

"Dodefor brouchste de 3 Aaja, so ongefähr 200 Gramm Mähl, e bissje Backpolwa on staak e vertel Liter Milich, en Handvoll Rosine on fo se Backe hielst de Sonneblumeeel. Dat Mähl dust de am beste zeerscht siebe on merrem Schneebäsem die annere Zutate dronnarehre. Dann kannst de de Deich moo e paar Minode ruhe losse. Dann duust de e bissje Eel in en beschicht ore en en gusseisane Pann ren on lesst et hääß wäre. Weile dräst de die Herd eronna of Meddel on schäppst merrem große Essleffel nonanna de Deich fo jed Plätzje änzeln en die Pann. Wenn se änischamoose fest sen, kannst de se nonanna merrem Scheimläffel wenne on of da anna Seit broun wäre losse. Die feddiche Plätzja lääst de de of en Platt on lesst se am beste em Backue bes zum Esse waam halle".

Mei Christasche hot dat en da Kich von meina Modda aach gleich gekocht on geback, on wenn et geroot war on ebbes gedaaut hot, hon eich die Rezepta offgeschrieb. Wenn mei Chrestasche meich schon wiere fräät: "Was soll ich denn mal kochen?" Dann saan eich emma noch datselwe: "Ei Krombeeresopp on Scheppkiechelcha!"

Von der Sopp kocht se dann emma en ganz Deppe voll on freert de Rest em Kella en. Die Scheppkiechelcha wäre awwa emma frisch en da Pann geback. Awwa eich mään, dat ma aach die enfreere kennt, wenn ma genuuch devon geback hätt. Wenn mei Chrestasche mo net dehääm wär, hätt eich dann emma noch ebbes Gescheits se esse.

Weinfest en Bichebeiere

Uus Doarf hot vor 1969 noch zum Kräs Zell an da Musel gehort, on deswäe es et von so manche fremde Leit aach manichmoo an da Musel gesucht wor. Dat war zwar grondvakert, awwa dat Ereignes, von däm eich ouch hout vaziele well, hot die falsch Oriendeerung von däne Leit noch onnastetzt: Et hot nämlich ämo bei uus em Doarf en Weinfest gen. On so ebbes gets äwe noor an da Musel ore an da Noo. Met da Musel hat dat onvahofft Weinfest bei uus em Doarf aach tatsächlich viel se dun gehat.

Et war so 1960 erom em Suuma, an däm Daach hats morjens geränt on die Stroß war e bissje schmeerich gewääs. Do kom von da Trorbacha Stroß die Eiche Heh eronna en Lastaudo, on dat hat zwo große Fassa Wein von da Musel of seina Pritsch on of seinem Aanhänga gelaad. Die Fässa ware ous Holz on voll bes ue hien met Weißwein. Normal hät ma dat joo garnet so genau se sien kriet, awwa an däm Daach doch.

Dat Lastaudo es nämlich e bissje zu schnell gefah on kom of der glitschich Strooß de Bearch eronna beim Bremse ous da Spoor on es zwische däne große Bääm met seinem Aanhänga em Grawe geland. Eich glääb, däm Fahra war neist passeert, awwa die zwo Fässa sen of die Strooß gescheiwelt on kabutt gang. En däm äne war en richdich groß Loch dren, on en däm annere noor en kläne Ress. Ous alle zwo Fässa es dä schee Wein eraous of die Strooß on en de Graawe gelaaf. "Dat kann ma joo net met aangucke", hon die Leit gedaacht on gesaat. Dat ulkich Onglick hot sich em Uadoarf ganz schnell romgeschwätzt on die Leit sen met ehre Äma, Kanne on Deppscha schnell komm on hon dä schee Wein vorm Ouslaafe en de Chosseegrawe gerett. Se honn sich aarisch gedommelt, weil die Sach joo präseert hot, sonst wär de Wein fot gewääs. Nadeerlich hot ma aach gleich von däm gure Droppe proweert, wie ma dat offem Weinfest so micht. On so es et aach emma scheena wor an da Onglicksstell of da Eiche Heh. An däm Daach hon die

Kromma Dachdecka em Doref geschafft on nadeerlich aach von der Sach gehoort. Do sen se awwa schnell von ehrem Dach eronna klomm, hon sich aach e paar Äma on Deppe beso-richt, on sen die Eiche Heh eroff gelaaf. Met ehre spitze Dachdeckahämmer hon se dann en dat zwät Fass met däm kläne Ress erscht emoo en ordelich Loch erenn gehau dät ma en Schlouch fo Absezappe erenn halle konnt. Of die Art on Weis hot die Rettung von däm scheene Muselwein ganz gut fonktioneert. Am nächste Daach hot en da Honsrecka Zeitung gestann: "Weinfest in Büchenbeuren"

Die Mous en da Dickmellich

En da Kichekaama harre ma fria emma uus Vorrät fo se esse ofgehoob. En Kielslchrank horret jo noch net gen.

Die Kaama war en kläne Roum henna da Kich on hat en Fenstache merrem Mickegitta devor. Dat Fenstache hot wäe da frisch Loft aach merchdens ofgestann. En der Kaama homma näwa so allerhand annere Sache de Schinke, de Schwademae, die Woarscht on aach die Dickmellich ofgehoob.

Die Dickmellich hot ma von da aiene Kuhmellich gemach, dat hääst, die hot sich jo selebst gemach, ma muust nor lang genuch waade, do esse dick woor. Em Suuma hot dat noor so zwo, drei Daach gedouat. Uedriewa hat die fedich Dickmellich emma so en dick on fest gääl Rahmschicht gehat. Dat kom von däm hohe Fettgehalt von der Mellich ousem aiene Kiehstall. So en Fettdeckel hon eich am liebste gess. Genau wie meine Vadda, hon eich aach gäre Zucka en mei Dickmellich erenngemengt. Dat hot uus Zween besonnasch gut geschmackt. Mei Oma hat aach emma so zwoo bloe Kriech ore Deppe met Henkel ous Stäängut voll Mellich en da Kaama henna da Kich stehn, fo dick se wäre. Off die Art on Weis hat ma jede Daach genuch frisch Dickmellich for die ganze Leit em Hous

Ämo, wie ma gän Omend dä ää Kruuch voll Dickmellich fo se Trenke ous da Kaama huule on of de Disch stelle wollde, war uedroff of der dick Rahmschicht von der Mellich so en klä schwaz Pickelche se sien. Die Oma saat, „ou, dat es en Mick ore en Spenn, die muss eich weile erscht emo fottmache". Awwa met däm Leffel hot se dat Pickelche net rouskriet, se hots emma weiere eronna gestubbt. Aach beim zwääte Vasuch war dä schwaz Duppe zeerscht vaschwonn on dann gleich wiere doo gewääs. Do hot se ehr Finga gehuul. Met Doume on Zaijefinga hot se vorsichdich en die gäl Fettschicht von der Mellich erenn gelangt on noo däm schwaz Pickelche gegreff. Dat hot se dann aach gleich zwische ehr Fingaspetze kriet on langsam eroff gezooh.

Eich hon do denäwe gestann on zugeguckt, wie dat schwaz
Pickelche emma greeßa on länga on schwerer wor es. Et hot
zeerschd ousgesien wie en lange Wollfaarem. Am Enn von
däm Faarem hot onnascht-iewascht en dood Mous draan-
gehonk.

Ech glääb, an däm Oomend horret bei uus kä Dickmel-
lich me gen. Die hon die Sei kriet, on meer muuste Wassa
trinke.

Aja scheiwele em Kerschbel

Mei Tande Elli hot joo ousem Kerschbel gestammt, genau gesaat, ous Uaklennich. Wie eich als kläna Stobbe die kennegelehrt hon, hot die schon lang en Bichebeiere gewohnt. Fo mei Gefiel hot se schon emma debei gehoort.

Wemma awwa genau gelousdat hot, wie se geschwätzt hot, on watt se manichmoo for Woorde benotzt hot, dann es ääm doch en kläne Onnaschied ofgefall. Em Kerschbel harre se äwe en bissje anna Koldoor, on wahrscheinlich es dat hout noch so.

Dat hot sich aach an Osdere gewies, wenn die Kenna en de Därfa met ehre Osdaaja gespielt hon. Em Kerschbel hots do so en besonnasch Spiel gen wat meer net kannt hon: „Dat Ajascheiwele"!

Weil die Tande selebst kä Kenn hat, hot se meich an soem Daach moo metgenomm noo Uaklennich. Of änem freie Platz war doo schon die Enriechdung fo dat Ajascheiwele ofgebout. Et hot dodrom gang, ä Aj vonnem Beasch eronnalaafe se losse on dodemet end von däne onnedraan on näwananna ousgelaachte Aja se treffe. Jeda, wo metgemach hot, muust onne ä Aj als Ensatz fo dat Spiel hienlähn. Als Beasch ore Startbahn ware zwoo denne Wäreruure diecht näwananna en de Borem rengestoch wor. Die ware dann merra denna Gordel so sesamme gebonn dat se en Abstand von so 3 cm harre. Am iewaschde Enn waren se no henne gespannt on am Bore festgemach. Die Enriechdung hot fo die Aja en steil Ablafbahn gen met zwoo Schiene so wie en Startramp.

Zwoo bes drei Schriet onnedronna hot jed Kend end von seine bonde Osdaaja merrem kläne Abstand zu däm, wat schon doo gelään hot, näwenanna en ä Reih gelaacht. Et hon also so viel Aja do onne gelään wie Kenn doo ware. Eichentlich war et joo en Glicksspiel wie Klickaspiele ore Rulett, wo ma aach ebbes valeere konnt. Wie die Reih dann draan komm es, mei Aj von däm Beaschelche eronnalaafe se losse, hon eich aach gleich onne end von däne als Preise engesatzte Aja troff. Dat harrich dann gewonn on konnt mat huule on en de Säckel stobbe. Ma doarft dann so lang scheiwele, bes ma onne kend me troff on aangedupt hot. Eich awwa hat an däm Daach so en Glick on hon alsfot en anna Aj troff.

Wenn onne all die Aja abgescheiwelt ware, es nou ousgelaacht wor. Doo sen dann die vaknuppte on vaplotzde Aja, so wie se grad noch ware, wiere en die Reih gelaacht wor. Manche harre gar kä Schaal meh draan ore ware noor noch haleb doo. Dat war dann egal. Aach bei dä nächste Spielronde hon eich an däm Daach emma wiere viel meh Aja troff wie die annere Kenn. Die sen schon ganz neierich wor. On wie dat allaletzt Aj noch doo onne gelään hot, hon eich dat met meinem Aja aach noch troff on aangedätscht.

Die Kerschbels Kenn hon meich joo gar net kannt, die hon geglääbt, eich käm vom Moond. Bissje schäpp geguckt hon se schon, awwa käna hot gespouzt.

Spretztoor noo Trorbach

Meine Unkel Ernst war en Audomann. Er hat net noor en Lastwaan gehat, met däm er in seinem Fohrbetrieb dat Geld fo se läwe vadient hot, nää, er hat aach en Persooneaudo, en Pkw, dä noor fo die Juchhei gedaacht war. Dat war en alda VW Käfer, en Standard, wie ma gesaat hot, met henne so em kläne Fenstache. Et war aach dat allaerscht Audo en da ganz Vawandschaft, wenn ma von däm Tempo Matador met 17 PS von meinem Unkel Fretz absieht, dä dodemet die Fahrerei fo seine Klempnabetrieb gemach hot. Dä Volkswaan vom Unkel Ernst hat 24,5 PS on war schon e Heerd Joahr alt wie a dän kaaft hot. Vorher horra schon e paar annere Leit gehoort. Er war ganz schwaz, oußewennich on aach ennewennich. Dat Audo hot merchdens bei meinem Unkel näwa däm Lastaudo en da Garasch gestann. Awwa dä Bou war ganz off, dä hat kää Door wat ma zumache konnt.

Wie gesaat, war dat Audo noor fo die Pleseer kaaft wor. Wie et awwa so doo war, es meine äne Oba ganz schlemm krank wor, on muust so zwo- bes dreimoo die Woch en die Diakonie noo Kreiznach fo se bestrahle gefahr wäre. Dat muuste dann mei 3 Unkele mache, die harre all en Führaschein.

Wie meer Kerlcha so 16, 17 Joahr alt ware, homma freidachs omens mo so sesammegestann on iewalaacht, wat ma dann an däm Omend noch so mache kennde. Ei, saat äna, en Trorbach es Weinfest, do kennde ma doch hienfahre. Dä Gedanke war ganz gut, awwa met däm Moped wollde ma net fahre. Doo hon se all de Klaus aangegguckt, meine Kuseng, de Suhn von meinem Unkel Ernst. Dä hot dann aach gleich noom Fredy gegguckt, dat war de ähnzich, wo von uus 4 schon en Führaschein Klasse 3 hat fo Audo se fahre. De Plan war schnell gemach. Et hot noch kä Suumazeit gen, on omens em haleb zähn war et em August jo aach schon dunkel genuuch, fo dat schwaz Audo met 4 Mann ganz hählich ous däm Unkel Ernst seina Garaasch erous se drecke. So hamma dat dann aach gemach. On dats beim

Aanlosse net so en Krach micht, homma uus all erenn gesatzt on vorm Hous de Bersch eronna aanlaafe geloss. De Max on eich hon henne gesess, on de Klaus hot vore näwe däm Fredy offgebasst, dät dä alles richdich micht.

En Trorbach sen ma dann of die Musik gang on hon aach ganz scheen met de Määd gedanzt. Domols waret of de Muselfesta noch so, dat ma vor jedem Danz 20 ore 30 Penning bezahle muust, ebst ma of die Danzfläch gehn doorft. Meer hon naderlich aach de Muselwein ous däne kläne Prowergliescha getronk, wo dat Wappe von Trorbach droffgedrockt war. Awwa uusem Fahra hot dä soua Wein net so geschmackt, on dat war aach bessa so. Naachts em Ään war dann Schluss met da Musik on ma sen häm gefahr. Von Trorbach noo Bichebeiere war et joo net so weit, vielleicht so 15 km. Do homma awwa doch zeerscht emo noom Benzin em Tank geguckt on dann dä klä Hewel onne, rächts näwe däm Gaspedal links erom of Reserve gestallt. Onnawächs homma dann em haleb Zwoo nochemoo an äna Tankstell gehal, awwa die war naderlich zu. Doo muuste ma an der Klingel, die do an der Tankstell angemach war, e paarmo schelle. Of ämo guckt ue en Mann em Schlofanzuuch ousem Fensta on fräät: "Wat wollt da dann, der Bue?" "Ei, mer wolle tanke!", homma roffgeruuf. "Eich komme ronna!", horra dann gemähnt. Wie a dann doo war, horra gefroot: "Wat on wieviel wollt da dann hon? "Ei Normalbenzin fo 2 Maak" homma dann gesaat. Viel meh Geld harre ma aach nemme em Säckel gahat. Do es dä Mann dann doch e bissje krommelich wor on hot gemähnt: „Do wär eich doch bessa en meinem Bett blieb". Meer awwa harre fo die 2 Maak so ongefähr 3 Lita Benzin kriet, genau dat Quandum, wat ma of usa Spretztoor noo Trorbach an däm Omend aach vafahr harre. Dehäm sen ma dann ueronna bei däm Unkel Ernst sei Hous gefahr, hon vorher de Modor abgestallt on met alle Mann dä schwaz Käfer wiere näwa dä Lastwaan en die Garaasch gedreckt. Käna hot ebbes gemerkt.

Endanazional Konschaft

Wie da von annere Vazielscha vielleicht noch wesst, war meine Henne Oba oußa Boua aach noch Schneieremästa gewääs. On wie eich noch so en kroppich Kerlche war, sen die erschde Ami no Loutze of de Fluchplatz komm. Erscht viel spära hot ma dann „Fluchplatz Hahn" gesaat. On dat äännach deswäe, weil dat Wort „Hahn" net so langg war wie dat Wort „Lautzenhausen".

Weil meine Oba of seinem Handweak emma ganz ordelich geschafft on sich dat aach erommgeschwätzt hot, sen doo aach emmo moo e paar Ami vom Fluchplatz komm on wollde ebbes gebiechelt, geflickt, geännat ore sogar ebbes ganz noues genäht hon. Eich kann mich doo noch an äne Ami erennere met ganz viel Abzeiche of da Brost on of da Schollere, entwäre wara Korporal ore General, jedenfalls horret sich geralt! Dä hot sich vom Oba en ganz noue on feine Aanzuuch mache geloss. De Stoft dodefor horra gläwich noch selebst metbraacht. Weile hot de Oba en uusa Stuu, die jo aach gleichzeidich sei Schneierewerkstatt war, erschdemoo de Ammi merrem Medamoos gemess on die Mooße en sei klää Biechelche erenngeschrieb. Meer hon dodebei nadeerlich all zugeguckt: Die Oma, Tande Else, Tande Elli, de Hans on eich. Et war jo em Wenda, wo ma drous neist se duun harre. Wo sollda ma aach sonst hiengehn, et war joo uus Wohnstuu.

Von ueronna vom Balke on von däm Platz iewa da Deer hon die zwo gäle Kanariefääl aach noch geguckt, gepeff on gequietscht. Wie et dann so weit war fo et erschde Moo Anseproweere, koom zeerscht die Box von däm noue Aanzuch an die Reih. Die war noch ronderom noor met Reihfärem sesammegehall. De Korporal ore General hot als geguckt on ebbes gefroot, meer honnen awwa net vastann. Vielleicht wollt da wesse, wo a sich dann omziehe kennt. De Oba horrem noor met de Hänn gewies, derra sei Box ousduun on die nou met däne Reihfärem dren vorsichdich iewastrebbe solld. Dat horra dann aach gemach, on meer hon zugeguckt. Weile wara dat joo schon vom Aanmesse schon gewient.

Bei der Geläänhäät hon eich zum erschde Moo en meinem Läwe ebbes gesiehn, wat ma houtsedaach en Boxaschorz nennt. Dat war so en bloo-weiß gestreift Onnabox ous leichtem Stofd, die wie so en koaz Toornbox om die dorre Bään von däm Ami erommgeschlockat es. Fo meich war dat ebbes Noues, on et hot ma aach gleich gefall.

Eich selebst muust domols noch die alde rosane Onnaboxe met Gummiziech en de Bään von meina großa Schwester aanduun, die schon gestoreb war ebst eich of die Welt komm sen. Die Dinga ware manichmoo so ousgeleiat, dat se em Suuma onna meina koaze Läreboxe rousgeguckt hon. Dann hot ma se als met Sicherhätsnoole hochgehal. Dä Ami met seina gestreift Onnabox hot mich doo richdich neierich gemach.

Dä Aanzuch vom Oba muss däm aach gut gefall hon, denn denoo kamde no mee Ami vom Fluchplatz, die ebbes vom Oba gemach hon wollde. Of die Art harre ma schon ganz frieh en endanational Konschaft em Hous. Hout nennt man dat jo Globalisierung.

Dat Deppegukasch

Brieffillips Emma war uus Noobaschfraa. Dat hot met seine Leit em Wiesegrond gewohnt, gleich näwa Fellenzasch. Dat Sträßje es an da Eck vom Oba seinem Klempnalaare von da Hauptstrooß abgang. An Brieffillips vabei esset bei de Wieseschusta gang on dann weiere doorcht Häfeld on de Nierewella Wald noo Nierewella.

Meer hon domols met drei Generatione ennem alde Fachwerkhous gewohnt, wo käna mee gewosst hot, wann et gebout wor es. Doo war de Kiehstall, die Schoua on dat Wohnhous onna änem Dach. Wenn ma die Housdeer offgemach hot, muust ma doorch dä lang Flur gehn, wo links en schäpp Wand noo da Schoua war, ous der zwische dä Fachwerksbalke dä trocke Lähm erousgebreckelt es. Of da rächts Seit war die Deer in die Wohnstuu on gradous es et en uus Kich gang. Do hot sich die Woch iewa dat ganz Läwe von uus 6 Leit abgespielt. Noor sondachs homma aach emo en da Stuu gesess, wo die Oua met däm lange Perpendikel an da Wand gehonk on getickt hot. Loo hot uuse Oba sonndachsmorjens gemänehand met da Hand die Rechnunge fo sei Klempnerei geschrieb. Wenn a do so en Kolonn von Zahle sesamme gerechent hot, muuste meer Kenn emma muxmeisjestell sen, sonst horra sich gär varechent. On dann horra met uus geschennt.

Of da anna Seit von da Strooß hot henna däm kläne Laare on da Werkstatt vom Oba noch dat Heisje met däm Herzje gestann, de Abtritt, et Deppche, uuse Kloo also. Dä war nadeerlich ganz wichdich, nächst so wichdich wie die Kich, on es von jedem von uus emma gebroucht wor, aach wenn et em Wenda kalt war on ma iewa die Strooß on doorch dat Hous met da Werkstatt dren weit gehn muust. Wenn et preseert hot, konnt et manichmo ganz knapp wäre.

Die Nobaschleit ronderum hon en ähnliche Vahältnesse gewohnt. Se harre aach all e bissje Landwertschaft, von der se hauptsächlich geläbt hon. En Häisje merrem Herzje harre se aach ejendwo offem Huubore henna da Schoua stehn, on onnedronna war iewaall dat Puulloch. Wenn eich meddachs ous da School komm sen on mei Modda ore die Oma schon de Dich gedeckt hat on dat Esse bal feddich war, es Brieffillips Emma gäre bei uus end Hous ren komm. Merchdens harret die dunkelbloo Kittelschoaz aan on aach en bloo Koppduch om de groo Kopp gebon. Em Fluur horret schon aangefang se schwätze on de Oba saat gleich: "Dat Deppeguckasch kemmt wiere!", on ruckzuck war et doo.

Ohne Ansekloppe hot dat Emma ämo en da Deer gestann on hot gleich weiere fazielt. Dodebei es et riechdewäch of uuse Herd zu gang on hot die Deckel von de Deppe gehoob on gesaat: "Eich wollt doch moo gucke, warret bei ouch hout se Meddach get." Dat Emma wollt net lang maje, et war noor aarich neischärich. Wie et wiere fot war, hon meer uus all dodriewa valacht on dann homma en Ruh sesamme se Meddach gess.

Vom Flabbes bes zum Scheez

Im täglichen Umgang der Menschen untereinander ist eine treffende Sprache mit ausreichendem Vorrat an prägnanten Begriffen für die gegenseitige Verständigung sehr hilfreich und nützlich. Das Hunsrücker Platt ist mit solch dienlichen Worten sehr facettenreich ausgestattet, was in der folgenden Betrachtung mit Blick auf die im Titel genannten Exemplare bewiesen werden soll. Als einer, der schon 50 Jahre in der Norddeutschen Sprachdiaspora lebt, weiß ich noch immer die Vorzüge meiner deftigen Hunsrücker Mundart mit ihren knappen Ausdrücken zu schätzen. Zur Analyse der noch immer häufig genutzten Bezeichnungen für die lieben Mitmenschen greife ich gerne mitten hinein in die Kiste meiner seit einem halben Jahrhundert gut konservierten und mehrmals jährlich auf Tauglichkeit überprüften Sprachelemente.

De Flabbes hon eich en äna frieara Betrachdung schonnemo grendlich onnasucht. Dommols hon eich dän noch met 2 Pes (pp) geschrieb, awwa hout schreiwe eich dän met 2 Bes (bb), dat klingt weicha on hälicha. Dodemet es aach dat träämerich Gemiet on dä weichere Karakda von däm Typ Mensch bessa beschrieb. Et get aach weibliche Flabbese, dodemet es aach schon gleich e moo die Mehrzahl geklärt. Doch en da Äänzahl häßt et aach bei de Fraaleit „dä Flabbes", weil et en däm Besteckkaste von usa Honsrecker Sprooch „die Flabbes" net vorgesien es. Wenn awwa jemand perseenlich gemähnt es, dann es „dat geflabbt Sowieso" en ganz beliebt Floskel. Noch viel bekannta es dä bissje abfällich Ousdrock „dat geflappt Mensch". Dä Spruch kemmt ohne de Name ous, on werd dann von de Leit met därselwe abfällich Mähnung iewa en Fraamensch gäre benotzt, wenn se sesamme iewa et herziehe.
Gleichrangich met däm „geflapt Mensch" on genau so of ääne Mensch bezoo es dat männlich Gäestick, nämlich „dä

103

geflappt Käll". Zu so änem kann sich schnell jemand entwickele, wenn a sich en geflappt Schees kääft, oore wenn a sich geflabbt kostimeert. Es dä Onnaschied von änem Flabbes zum normale Mensch zu groß, dann greift de peffich Honsrecker schonnemoo en Armläng diefa en die sprochlich Schatzkest, on erklärt die Person als jenisch. Bei Wikipedia werd ma onna däm Begreff jenisch so belehrt: *„Jenisch ist eine Varietät der deutschen Sprache, linguistisch gesehen eine Sondersprache von fahrenden Bevölkerungsgruppen bzw. von deren ortsfesten Nachfahren".*

Meer awwa wesse, wat ma dodronna se vastehn hot. Alle zwo Sorde von „Flabbesa" hot die Nadoor so häliche Eigenschafte zugewies wie Zoreckhaltung, Onnawerfigkäät, Gutmiedichkäät, Noogiebichkäät, wat die Betroffene noor scheinbar demmlich on derftich werke lesst, on se zum Werkzeich von de Normalmensche degradeert on fo däne ehr Zwecke vafehrbar on dienstbar wäre lesst. Die Flabbiche nemme dodemet onfreiwillich die Kloonsroll aan on wäre zum Gespett von de Leit, wat se awwa ous Mangel von selbstkritische Kräfte net ous ehre onnageornede Läwensbahne schmeiße duut. Nie werd en Flabbes en Herremensch sen, nie en Platzhirsch en seina soziala Grupp. Er werd nie Hamma sen on emma Amboss bleiwe. Essa ouß a flabbisch aach noch zwärisch (dat sollt nochemoo extra ousfehrlich betracht wäre) dann es ihm die Roll als Kaspa on Witzfigur erschdemoo fo en lang Zeit sicha. En aangeboor Immunität schetzt ihn awwa for der Ensicht on get ihm en seina ajena kläna Welt sogar noch en besonnasch Glicksgefiel.

De Tobat es dodegään en dollpatschich Weichaai, dat alles vakeart micht wie en blend Kuh merrem Bräät vorm Molles. Oußadäm essa aach emma vom Pech vafolcht. Sei Schusselichkäät on sei demmlich Vahalle sen trottelhaft on vagonne ihm aach garneist. So kemmt et, dat sei liewe Metmensche ihm emma wiere saan misse: "Dou best joo bestusst!".

Dodemet mään ma, dat en Mensch von vareckte Geista vahext es. Dat Vahalle vom Tobat es tobich se nenne. Dat hot awwa neist se duun met däm Eromdolle (hochdeitsch Toben) von änem läbhafte on ausgelossene Kend. Henna däm „T" am Aanfang werd dat folgend „o" wie Otto vore on net wie Otto henne geschwätzt. Wie de Liewe Gott die gure Merkmole an sei Leit vadält hot, do hot use Urtobat scheints net gleich "hei" geruuf.

Met seina zureckhaltenda Äänfachhäät weakt dä gewehnlich Tobat als dat Gäedääl vonnem ongeliebte offsässiche Scheez. Doch dat es wiere en ganz anna Sort Mensche. Dat tobisch Exemplar en Fraaleitsklääre bleibt aach „de Tobat". Do werd kä Onnaschied gemach. Dodrous kann ma die vakeart Offassung kriee, därret dodefon of da Welt net so viel gen däät.

Em Hochdeitsche dät ma „Tollpatsch" saan met dä Zusätz „tappsich" on „linkisch". De Tobat es onsicha em Offträre, onvorsichdich on vastraaut, net schlou genuuch, äwe noor tobisch!

Ohne Absicht dappt dä Tobat schnell in die iewaall eromstehende Fettnäppcha, basst net of, lesst sich iewas Ohr haaue on kemmt em Omgang met de annere Leit schnell zwische die Stiehl. Sen die Defizite forschbar gruub on fo jeden se siehn, kann ous däm Tobat leicht en Scholles wäre.

De Scholles es äna, däm et for allem em Kopp arisch fählt. Wenn a schon e bissje älla es on sich vaquärt aanstellt, werd a schnell zum „alde Horke" gemach. So en Mensch (Mann ore Fraa) es ongehuuwelt, et fählt em ronderom an Schleff.

Alle zwo, de Scholles on der Horke gelle dann schnell als dä „fräsalich Kerl", ore, wenn et en Fraamensch es, als dat „fräsalich Mensch".

De Schlorem hot met däm Flabbes on däm Tobat viel gemään. De Schlorem es en ganz äänfach Erdweremche, dat aantriebslos, schlacksich on schlampich, stompsennich on stompfielich ohne Leitplanke on Ziele wie en Kesselflicka ore Karussellbremsa am Rand von da Gesellschaft dorch sei derftich Läwe schlääpt, on geläentlich met seine komiche Ideee dat Gespett on die Stichelereie von däne Normale of sich zieht, on denoo wiere en die Änfachhäät von seina armseelich Existenz zereckfällt.

Onzuverlässichkäät, geläentlich aach Schletzohrichkäät on noor wenich Belastbarkäät en da School on bei da Aawet wäre so änem armseeliche Menschekend noogesaat. Doch et wär grondvakeat, de Schlorem als domm em Senn von wenich entelligent ore gebild dehiensestelle. Die Nadoor horrem awwa manichmo besonnere Fähichkääte metgenn, wenn aach net grad en äna gure Mischung met annere Tuchende. Wenn dat ousgeglichena wär, dann dät däne bedouanswerte Exemplare jo en Läwe als Schlorem erspart bleiwe. So kemmt de Schlorem dorch die Äänseidichkäät von da Begabunge geläentlich of en schäpp Bahn, die ihn of seina Rääs dorch dat Läwe als schmericha Taschen- ore Falschspiela offale lesst. Ganz onousgeglichene Mosta von der Art schwinge sich in outistische Aanwandlunge sogar als Frei- oder Feingeista zu erstaunlicher Geschwätzichkäät of. De Schlorem werd emma so en Wassaträa bleiwe, an däne uus Gesellschaft stännich Bedarf hot, on die herablossende Kommentare met all ehre vaächtliche Zutate mache

106

ous däm schon erniedrichte Erdnuckel ganz leicht en bonde Doarftrottel. En da weiblich Ousgab bleibt de Schlorem aach en Schlorem, ohne ebbes voredraan ore dehenna.

Schlorem es net Schlurri! De Schlurri es die piffich Ousgab vom Schlorem. Die es met äna ordelich Portion von nadeerlicha Hennalestichkäät on Bouereschlouhäät gesechent, on kemmt deswäe met ehra zugewiesena Roll em dächliche Läwenskampf met de annere Leit bessa zeräächt.

Hie on doo soorje besonnach schleimiche on schlächt dorchgebackene, on deshalb ganz klitschiche Exemplare ous däm Stamm von däne Schloreme on Schlurries doarch eer diebiche Metnemmagewohnhäte, die ganz materiell se vastehn sen, on nix met dä sportliche on ehrbare Nemmaqualidäte von änem gure Boxa se duun hon, fo Ofruhr on Wut en da Volksseel.

Flabbes, Tobat, Schlorem, Scheez! Dat es die Steicherungsformel von däne Schmähworde. Dodran sieht ma, dät dä hei beschriewene Menschetyp kä Sympathieträer meh sen kann on en seinem gesellschaftliche Rang weit onne stehn muss. Gemänehand werd so iewa die Sort Leit geschwätzt: „Dat es en Sort, ma mähn, die kämde ousem Waan!" En anna ähnlich enfielsam Ordäl kann aach laude: „Dat es en Zores, die sen jo gän de Kamp geschoor!" Dä, wo ous däm Waan se komme scheint on of Krawall ous es, gelt en da Effentlichkäät als Daauenix on als Schoork. Seine Mangel an Vastand on Benemme wella dorch en Iewamooß an Enbellung on kraftmeierichem Ofträre ousgleiche. Als sichtbare Statussymbole von der engebeld Macht wäre geläentlich protziche Audos on annere besonnere Offällichkäte aangeschafft, bei däne die Koste met de finanzielle Verhältnesse gradsowenig sesamme basse wie die Modorleistung von däne Audos met däm Vastand ehrer Fahrer.

De Scheez es en aje Geschlecht on kann trotzdem weiblich sen. Dann awwa essa aach en „Scheez" on kä „Scheezin", „Scheezine" ore „Scheezeuse", weil Scheez bleibt Scheez!

Dodemet es awwa net gesaat, dät eich die Behaupdung: „Ämo Scheez - emma Scheez!" weile en die Welt setze well. Aach bei Scheeze passeert geläentlich en iewaraschend on wohltuend Geschlechtsumwandlung.

Wat em Ordäl von de Normalmensche die Gattung der Scheeze zu schräche Type ohne Moral on Aanstand absinke lesst, es die Exisdenz von besonnarsch onfeine Exemplare. So gets Onnaarte von beeße Strooßebue, awetsscheiem Gesendel, foule Daachdiebe, beklopptde Randaleerer, hennalestiche Bombeläa on abgedrähte Konsumende von stinkiche on geftiche Rauschmettel.

Die däftiche Worte: Schläatyp, Gängsta on Betriecher benenne so manch vawerflich Eigenschaft von der Randgrupp der Scheeze on brandmarkt die Mitglieda als ägelhafta Abschoum von da Gesellschaft.

Ob jeda Normalmensch vor däm hetzich änem annere zugerufene Kraftousdrock die ue beschrieb Onnaschärung so schnell treffe kann, scheint ma net sicha. Wennet so richdich setze soll, muss dä Gäniewa, dä grad eronnagebotzt wäre soll, joo bletzardich on zackich abgeferdicht on en dat vorher ousgewählt Fach von däm Schmähkaste erengedrängt wäre. Do kann die ajene Vorenstellung zu der Person schonnemo en Schnippche schlaan. Bei äna zu hoddicha on deswäe falscha Enordnung kann dä Richter selebst schnell zum Flabbes, Tobat, Schlorem ore Scheez wäre.

De Fackelzuuch

En Rheinland-Pfalz war de Reformationsdaach noch nie en gesetzlicha Feiadaach gewääs. Meer en Bichebeiere harre noom Kriech an däm Daach awwa trotzdäm kä School gehat. Morjens em zähn hot de Parre sei Keach gehall on all die Leit sen erenn gang. Jo, net grad all, et hon so zwo, drei kadolische Familie em Doarf gewohnt, die sen an däm Daach naderlich net en uus evangelisch Keach gang.

En uusem Nobaschdoarf Soore war dat annaschda. Do ware mee Kadolische wie Evangelische. En Soore muuste die Kenn an däm Daach en die School gehn, et war jo kää Feiadaach.

Noo watt for äna Vorschreft dat bei uus en Bichebeiere annascht war, wääs eich aach net on hon eich aach noch nie gewosst. Wahrscheinlich hon de Vorsteha on de Gemäneroot ganz prakdisch gedaacht, weil die merchde Leid em Doarf jo evangelisch ware. Am nächste Daach dann war de 1.11. de Allaheiliche. Dat war en kadolischer Feiadaach, dän meer Evangelische en Bichebeiere awwa net gefeiat hon. Meer harre uuse Feiadaach jo schon en Daach friea gehat. Ob meer Kenn do en in School gehn muuste, wäs eich weile nemme.

On dann gets joo aach noch am 11.11. em Kalenna de Maddinsdaach. En de kadolische Gächende wäre am Maddinsdaach so hie on doo Fackelziech gemach on Maddinsliere gesung. Dat hon meer en Bichebeiere awwa schon en Daach vorher, also am 10.November, gemach, wo uusem Maddin, däm Maddin Ludda seine Gebortsdaach gefeiat wor es. Dat war en Erfindung von uusa Frau Pasdor, die ue beim Dokda en da Villa gewohnt hot, on die meer Kenn aach koum noch se sien kriet hon, weil se schon so alt war. Die hot sich schwer devor engesatzt, dat meer evangelische Kenn en Bichebeiere aach en Fackelzuuch mache konnde. Dodefor homma daachelang dehääm die Landere gebosselt, sesammegebabbt on Keerze renngestalt, die ma merrem Streichholz aanmache muust. Manche Leit hon aach

Fratze en die ousgehehlte Rommele geschnied on en Kearz renngestalt, wo die Kenn dann offem Bäsemstiel en die Heh gehall hon.

Dä Fackelzuuch hot so gän Omend of Bäckasch Heh aangefang on es doarch dat ganz Doarf gang. Vorewäch es en Audo von da Bolizei gefah on hennedraan end von da Fouawehr. Die Strooß war nederlich vo de Audovakehr gesperrt. Die Leit vom ganze Doarf hon an da Strooß gestann on zugeguckt, wie dä ganz Zuuch von de kläne on de greßere Kenn met eere Landere on eere Moddere on Vaddere doo vabeigezoo sen on emma wiere alle Stroofe von uusem eiene Bichebeierna Maddinslied gesung hon:

Weil Luther heut Geburtstag hat
Drum lasst uns fröhlich si-i-ngen
Weil er den Weg gefunden hat
Wie wir zu Gott durch dri-i-ngen ...

Dat Lied hat uus Frau Pasdor en eere junge Joahre selebst gediecht on of die bekannt Melodie von "Ein feste Burg ist unser Gott" met de Doarfkenna engeiebt. Wie eich noch so en Källche beim Fackelzuuch war, do war dat Lied schon lang Tradizion em Doarf on jed Kend horret kannt!

Tradizion war awwa aach ebbes viel Wichdicheres: Am Enn von däm Fackelzuuch sen meer all de Inkawäch eroff gezoo, an Dokdasch Villa, do onna däne Kastanjebääm die brät Stääntrepp eroff on riechdewäch doarch dat ganz Onnageschoss von däm große Hous. Dodebei hots fo jed Kend von da alt Frau Pasdor zwoo Hänn voll Plätzja on Zuckastään gen.

Freihändich fahre

Wie eich so zwöllef Joahr alt war, hon eich von meina Tande on von meinem Unkel moo en schee nou Fahrrad geschenkt kriet. Dat homma em Doref an Geibs kaaft, do hot de alt Geib noch geläbt. Dat Rad hot bei däne en däm kläne Schaufensta gestann on war schwaz on weiß lackeert on of däm Rahme hot "Rhönrad" draangestann. Hout vasteht ma onna dodronna ebbes ganz anneres.

Dat nou Fahrrad hat aach en Kilomedazähla, dä iewa en Drootwell vom Vorarad ous aangetrieb woor es. Dat Fahrrad hon eich deswäe kriet, weil eich en jeda Minut von meina Freizeit bei däne offem Hub, of de Stecka on em Stall geschafft hon. Die selebst harre kä Kenn, on wenn eich ous da School komm sen on dehäm grad gess on die paar Schoololofgawe gemach hat, sen eich schon ab of Henne eere Huub fo se schaffe. Von uusem Hous em Onnadoarf bes bei mei Tande on meine Unkel, wo aach die Henne Oma on de Henne Oba noch geläbt on geschafft hon, ware dat so ongefähr 400 Meda se gehn.

Bes hout wonnere eich mich noch iewa dat nou Rad, weil domols joo käna so Geld hat, fo ebbes ousa da Reih se kaafe. Vielleicht hon se gedaacht, wenn dä Buu mem Fahrrad fehrt, dann essa noch hoddischa doo on kann noch mee schaffe, on omens kanna aach länga bei uus bleiwe. Doch so forschbare Leit ware dat net, so schräch hon die net gedaacht.

Änes Daachs sen eich wiere die 400 Meda dorchd Doarf an Henne gefahr, vabei an Geibs, an Gasse, an Büttnasch, däm Amt, an Schelasch, däm Backes on däm Bäätsaal, bes of da rächts Seit dä freie Platz komm es, wo hennedraan die Keach steht. Loo hon eich weile die Hänn von da Lenkstang gehuul on sen die letzte 50 Meda bes an Henne Hous freihändisch gefahr. Eich war domols ganz stolz dodroff, dat eich freihändisch lenke on aach gleichzeitich met de Fieß strampele konnt. Dann hon eich ganz vorschreftsmäßisch die links Hand erousgehall, weil eich joo of däne ehre Huub abbieje wollt. Of ämo sien eich, dät henna meer aach noch en Bolizeiaudo en dä Huub erenngefahr kemmt. Dann es äna von dä zwo Bolizeia met seina griena Uniform aus däm dunkelgriene Audo met däm Bloolicht dran ousgestie, hot sei grien Kapp ofgedoon on es of meich zukomm on hot dann gesaht: "Dou best freihändisch gefahr, dat es vaboot, dodefor musst de 5 Maak Stroof bezahle. Dat Geld brengste am beste hout omend bei de Gewel of Beckasch Heh, wo dä wohnt, dat wäst de joo."

Eich war ganz vaschrock, weile harrich zum erschde Mo met da Bolizei se duun! Wie eich dat dann omens meinem Vadda vazielt hat, hot dä ma die 5 Maak genn, on eich sen dodemet bei de Doarfbolizist Göbel of da Beckasch Heh gang, wo dä met seina Fraa genau gäniewa da Wertschaft von Beckasch Emmagoot gewohnt hot. Dä hot sich dann die ganz Sach nochemoo en Ruh aangehoart on dann gesaat: "Behal dei Geld, awwa dat michst de net nochemo!"

Eich well mei Geld!

Wie so en de 60-er Joahre beim Felke en Sohre fo die Aweda die bargeldlos Lohnzahlung engefohrt wor es, war eich en Lehrbu bei da Volksbank en Kerberich, dat war die ehemolich Raiffeisebank en da Kappela Strooß.

Nodäm die Firma Felke on aach meer die Sach ganz grendlich vorgeplant harre, war et dann änes Daachs so weit. Weile hon die Aweda eer Geld nemme jede Woch en äna Lohntut bar en die Hand gedreckt kriet, weile es dat Geld zweimo em Monat of en Konto iewawies wor. En da Medde vom Monat hots en Abschlaach gen, on am Enn vom Monat fo jede äna en richdich Lohnabrechnung offem Pabeia.

Wer von de Aweda noch kä Konto bei uus hat, fo dän es end frisch aangelaacht wor, kostelos, vasteht sich. Dodroff sen dann von da Bank die Ouszahlungsbeträch vom Felke seina Lohnleste droffgebucht wor.

All die Beteilichde von der Omstellung harre schon so e bissje Scheich vor däm erchde Ouszahlungsdaach. Beim Felke ware domols joo näächst 1000 Leit beschäfdicht, on die merschde ware Aweda, die weile ehr Geld bei uus of da nou Zweigstell en Sohre abhuule sollde. Et war net so die Froo von däm Geld, dodevon harre ma an däm Daach genuuch on aach en kläne on bassende Scheine do leje. Et war ehnda en Froo von da Organisation, ob ma an däne paar Bankschalda an änem Daach Honnade von Leit noo däne ehrem Feiaomend schnell genuuch bediene kennde, ohne dat se anfänge se krommele on se moule.

Von uusa Hauptstell en Kerberich harre ma an däm Daach schon mee Personal wie sonst henna usem Schalda gehat. Am erchde Daach sen die Aweda von der Fabrek fast all noch selebst komm, for ehr Geld se hule. Manch äne hot ma persenlich kannt, on manche hon ehre Name gesaat ore ehre Lohnschein vom Felke gewies. Dann homma ous änem

Holzkaste de richdich Kontoouszuch fo dä Mann herousge-
zuppelt on ihm gewies on erklärt. An däm Daach hot sich
dat folgend Gespräch e paarmoo am Schalda wierehuult:

Dä Aweda vorm Schalda:
    Gondach, eich well mei Geld!
Dä Mann von da Bank hennam Schalda:
    Wieviel wolle se dann abhewe?
Dä Aweda vorm Schalda:
    Alles!
Dä Mann von da Bank hennam Schalda:
    Dann lossen se doch wenichtens die Penninga
    stehn, det dat Konto net ganz leer es!
Dä Aweda vorm Schalda:
    Nää, eich well alles!

Met da Zeit awwa hot sich dat gen on die Leit hon sich
so noo on noo an dä modern Kroom gewient. Noo e paar
Woche kamde dann die Männa nemme all selebst, se hon
schon ehr Fraleit met äna Vollmacht geschickt, fo dat Geld
se huule. Die wollde dann aach net emma gleich alles hon.
Hennenoo hot ma festgestallt, dat die Omstellung of die
bargeldlos Ousbezahlung von däm Awetslohn ganz gut ge-
klappt hat. Doch vielleicht hots aach e paar Valeerer bei där
Sach gen: Dat ware die Wertschafde en Sohre on de en de
annere Derfer.

Sgraffito an dem alten Gebäude
der Volksbank in Kirchberg
Raiffeisenstraße

I am full (Eich sen voll)

Wie ma dat erschdemo uus ameriganisch Vawandtschaft dehäm am Disch hocke harre, hon die noa gut Stieb gesaat: "I am full!" Jederäna von däne hot dat so gesaat, on meer konnde dat gar net gläwe. Die ware doch net besoff, die harre doch noch gar neist getronk oußa Wassa on e bissje Äppelwein, on dä war noch gespretzt.

"Lokal fuud" wollde se esse, "from rechional kittchen". Do homma awwa geguckt. Meer wollde net em Lokal fuddere, „dähäm am Disch werd gess", homma däne gesaat. Aach homma uus gefroot, wo et bei uus dann e Kittche gäb met hämischem Fure. Zeerschd homma do an uuse Bulles em Ingawäch gedaacht. Doch dä werd joo koum noch gebroucht, on se esse on se fierere gets doo schonmoo gar neist.

Do homma änfach uus selebst geback rond Bouerebrot ous da Bankkest ofgeschnied on en große, dicke Scheiwe of de Disch gelaacht. Beim Brotschneiere met däm lang Messa ous da onnascht Schubelad muust eich emma an mei Oma denke, wie se ehr lebdaach lang dat groß Brot met da links Hand fest an ehr Brost geklemmt on met da rechts Hand dat schaaf Messa en änem Rutsch mette dedoarch of sich zu gezoh hot. Eich hat domols emma en Angst, se dät sich uerom ebbes debei abschneiere.

Aach Botta, Blutwoarscht on Läwawoarscht hon uus Ami kriet. Vom letzte Schlaachde harre ma aach noch Schwardemae on Schinke am Stick ous da Reichakamma rousgehuul. Gorke on Tomade ousem Gaade hon dat fleischisch Gescherr e bissje abgewechselt. On noo drei Schmeere met ordelich Bodda droff hon se dann all gesaat: "I am full!"

Wenn usaend voll es, dann horra gesoff, dann dräht et sich ääm em Kopp. Die awwa hon sich die Beich gehall, on hon noch ganz kloar geguckt on met uus so met Henn on Fies desgereert, wenn ma se aach ganz schlächt vastann hot.

Doch ma hot dann schon erousgehoort, wie gut ihne all dat Omendesse an uusem Kichedisch geschmackt hot.

Joahre hennenoo gläwe eich däne dat noch omso mee, hon eich doch en da Zwischezeit selebst en Ameriga gesien, wat ma do for babbich Brot hot, on wat for bond gefärebt Woarscht en denne Scheiwe et do so se esse get. Von däm Krom dehäm en Ameriga sen se ganz bestemmt noch nie full woar, hon eich ma so gedaacht. Doch wie ma dann noom Omendesse dat ganz Bier on aach dä soua Wein von da Muusel getronk harre, do ware ma all metnanna full gewääs. Do hots wiere gestemmt: I am full! (Eich sen voll)!

Otto vore ore Otto henne

En da School hot de Otto näwa ma en da Bank gesess. Wenn eich hout annere Leit erkläre well, wie en bestemmt Word richdich ausgeschwätzt werd, dann denke eich emma an dän zoreck. Net, weil dä et bestemmt gewosst hätt, nä, nore weil ma am Beispiel von däm seinem Name gut erkläre kann, wie ma dat "o" ausseschwätze hot.

De Name Otto es wie die Zahl 88. Dä es von vore wie von henne, von ue wie von onne, on sogar als Spiechelbeld ore seidevakeart emma richdich se läse. Et es on bleibt dann Otto! Awwa nää, lo gets doch noch en ganz feine Onnaschied: Otto werd nämlich vore annaschta geschwätzt wie henne. Dat gelt vor allem, wenn ma dat Word of Hochdeitsch schwätzt. Vore es et en „O" wie bei däm Word "Offenbach", on henne esset en „o" wie bei bei däm Word "oben".

On weile semma bei däm Thema, dat ganz oft en große Onnaschied ausmicht zwische däm Hochdeitsch on däm Honsrecka Platt, aach dann, wenn en Word hie wie doo genau so geschrieb werd. De Mond met „O" wie Otto vore, (eich mähn uuse Mond am Hiemel), dat es ebbes ganz anneres wie de Mond met „o" wie Otto henne (eich mähn uuse Mond onna da Naas von jede änem).

Of die Art erkläre eich dann de Leit die richdich Oussprooch von däm "o" e so: "Et werd geschwätzt wie Otto vore, ore et werd geschwätzt wie Otto henne". Eichentlich miest ma jo fo dat "o" zwai vaschiedene Buchstawe en uuse Alfabeet

hon, dann wär die Sach klar. Zweiwel en da Oussproch gets jo noor bei derselwe Schreibweis vonnem Word of Hochdeitsch on of Honsrecka Platt. Dat Word "Gold" es so ebbes. Gold ore Gold? Annascht es dat bei Worde, die et of Hochdeitsch gar net get. "Oschärich" (wie Otto vore) z. B., dat gets noor of Platt on net of Hochdeitsch.

VfR Bichebeiere gän Klä-Amerika

Wenn eich hout meine Kenn on meine Enkel vaziele, wie ma vor 60, 70 Joahr em Doref so geläbt hot, dann saan die, dat war awwa langweilich, do war joo gar neist loos.

Dodebei hots en Sportvaein gen, wo sesamme met de Nieresohrena Fußball gespielt wor es, on wo Beckasch Hans en ganz groß Nomma em Doarf gewääs es. Sonndachsnommedachs war de Hans of uusem Sportplatz of Beckasch Heh zwische däne zwo Doorposte annathaleb Stonn lang fo all die Balle zustännich, wo die annere zähn Leit for ihm doachgeloss hon, on net kriee on wiere en die anna Richdung beferdere konnte. Wenn de Balle vom Gächna so stramm off sei Door geschoss wor es, dann hot sich de Hans emma ganz lang gemaach zwische däne zwo Poste on no links ore rächts geschmess wie de Toni Turek 1954 bei da WM in Bern.

Domols hot uuse Sportverein noch VfR Bichebeiere gehäß. Erscht viel spära semma omgedääft wor en TuS Bichebeiere. Uus erschd Mannschaft hot bei de Punktspiele so gäl-schwaz gestreifte Trickos aangehat. Dodemet hon die Kerl ousgsiehn wie Krombeerekäfa. Wer sich dat mo ousgedaacht hot, wäs eich aach net. Dat war schon so, wie eich et erschde Moo of de Sportplatz komm sen. An de Bään harre se schwaze Stutze, on dodehenna es dann merschdens noch en Bappedeckel gestoch wor fo die Schienbään se schone. Net jeda von däne, wo gespielt hon, hat aach richdiche Fußballschuh an de Fieß gehat. Manchmo warent aach normale hohe Schuh, wie ma so gesaat hot, ore Tornschuh. Am Daach, wo gespielt wäre solld, es ma morjens als noch doarchd Doarf gang, on hot die Leit sesamme gesucht.

Quärsch Willy war uuse Vaeinsvorsetzenda on fo alles so zustännich. Awwa aach uuse Schollehra Emil Rohleff hot sich arich fo Fußball endresseert on engesatzt. Em Suuma hon meer Bue en da Toornstonn aach als Fußball geiebt. Sogar dat Fußball-Leisdungsabzeiche konnde ma ämo mache. Dodefor muusta ma an änem Sonndach mem Emil extra no

Zell an die Musel fahre. En seine VW Käfer hon noor er on vier Bue rengebasst, awwa mee harre ma aach gar net em Doarf, wo dat do mache wollde. Jeder von uus muust do fönnef moo hennananna merrem Balle käppe, sechs mo hennananna de Balle merrem Fuß jongleere on dann zum Schluss von achtzä Meter ous dat Door treffe. Eich hat mei Aawet, dä schwer Balle ous der groß Entfernung iewahaupt bes an dat Door schieße se kenne, dä es nächst vorher leie blieb.

Samsdachsnommedachs hot de Willy dann of däm Sportplatz aach manchemoo met uus Schoolbue e bissje Stellungsspiel on so de allgemän Omgang mem Balle traineert. En där Zeit sen als die Amis vom Fluchplatz Hahn bei uus no Bichebeiere of de Sportplatz komm, on hon doo ehr Baisbool gespielt. En ehra Housing hennam Hepperich ore en Loutze harre se scheins käne gattinge Platz dodefor. Iewa däne ehr Spielerei hon meer uus emma gewonnat on aach lostich gemach. Die Rächele dodefor konnt ma vom Zugucke allän net so ähnfach begreife. Iewa die Verbennung of uusem Sportplatz onna de Eiche, näwa da Juchendherberch, sen ma dann e bissje beinanna komm on uuse Lehra Rohleff on Quärsch Willy hon dann met däne en Fußballspiel fo die Juuchendmannschaft abgemach:

Ländaspiel Bichebeiere gän Klä-Amerika

Am Daach, wo nommedachs gespielt were solld, homma dann morjens ordelich de Platz met Huwelspän ous Seiwels ehra Schreinawerkstatt abgestraut, de Balle offgepompt on die Netze an die Holzbalke von däne zwo Doore angehonk. Dodebei muust emma äna däm annere of die Scholla steie, fo die Masche von däm Netz an die Hooke von däne Doorbalke ensehänge. Wie et so weit war, sen die Ami komm, en gäle Schoolbus vom Fluchplatz hot se braacht. Eich gläb, do hot sogar vore dat Word „Schoolbus" draangestan. Do homma gemähnt, die kennte doch schon e bissje Hons-recker Platt schwätze on dat aach vastehn. Doch dat war net so. Wie die Käll dann ousgestie ware on meer die gesiehn hon, sen ma all gleich e bissje vaschrock. Die ware allegare greßa gewääs on scheins aach ella wie meer. Dann es dat Spiel vom Schiedriechda aangepeff woor.

Zwo Mo en halleb Stonn wollde ma spiele met ellef Mann iewa de ganze Platz. En uusa Mannschaft ware ma alles noch Schoolbue. Meer ware zwar kläna wie die, awwa wiewelicha ware ma, on dat hot sich bal ousbezahlt. Merch-dens war de Balle bei änem von uusa Mannschaft. Die Ami konnde noch wenicha met däm ronde Ding omgehn wie meer. Nor wenn hoch gespielt wor es, sen se bessa demet zerächt komm. Awwa fähr waren se, doo kann ma neist saan.

Bei däm Ereichnis harre ma naderlich aach e paar Zu-schaua am Rand henna däm Gelender gehat. Die hon ge-klatscht on gejoolt, wenn äna von uus en Door geschoss hat. Am Enn harre ma dat Freindschaftsspiel dann 5:3 gewonn, on eich hat sogar aach en Door geschoss. Dodroff sen eich bes hout noch ganz stolz, weil et meine äänzische endanazi-onale Ensatz gewääs es. Leida war dat Spiel en äänmolisch Sach, et es schad, däts nie en Reckspiel gen hot.

Von Klembcher, Zuckerstän on Guzjer

Bei uus dehäm sen die Zuckerstän emma en da Keksdoos ofgehoob wor. Die hot gemänehand ganz ue of däm Kicheschrank gestann. Dat war en viereckich Ding ous hell glasertem Stängut, bond bemolt on merrem Deckel uedroff, dä en da Medde noch en Knibbelche fo Aansepacke hat. Als kläna Buu konnt eich die Doos nor siehn, wenn eich mich of en Stuhl gestalt hon. Em Suuma, wenn et warm war, sen die Zuckerstän en der Doos alsemo zu Klombe sesammegebappt. Vor allem dann, wenn se net ähnzel engepackt ware, on die merchde devon hon aach ohne Pabeia drommerom nackisch dodren gelään.

Wenn uus Leit von der „Keksdoos" geschwätzt hon, dann hon eich emma „Teksdoos" vastann. Deshalb war dat Ding of uusem Kicheschrank fo meich johrelang aach die „Teksdoos" gewääs. Fo wat sollt se dat aach net sen? En „Teks" war fo meich genau so onbekannt wie en „Keks". Bei uus hon die Leit emma Plätzja zu so ebbes gehääs. Viel spära erschd, wie eich schon en die School gang sen, hon eich gehort, dät annere Leit die Plätzja aach Kekse nenne. Bei uus dehäm sen vor Weihnachte awwa emma nor Plätzja geback wor, nie Kekse.

Erschd vor e paar Joahr sen eich von da Logopädin von meinem kläne Enkelche erscht gewahr wor, darret fo so en klä Kend ganz schwer sen soll, dat „T" von änem „K" se onnaschäre. Alle zwo wäre dat so hadde Buchstawe, die ma erscht am Schluss von da Sprochentwicklung ousenannahalle kennt, hot se gemähnt. Joo, dat war bei meer scheins aach de Fall gewääs.

Wenn mei Tande von de Zuckerstäncha geschwätzt hot, dann hot die emma Guzjer dezu gesaat. "Wellst de en Guzje hon?", hot se alsemo gefroot. Die Tande koom ousem Kerchbel, do schwätzt ma joo e bissje annaschda wie bei uus. Nochemoo ganz annaschda war dat en Kerberich. Lo leie die Begreffe ganz weit ousenanna. Dat sieht ma dodraan, weil die Kerbericha aach Klembcher iewa dat sieß

Geschärr saan, dat bei uus dehäm offem Kicheschrank, en der viereckich Doos met däm Deckel on däm Knibbelche uedroff, ofgebob wor es. Von däne nackische Zuckerstän sen ma die rore Himbeere on die gäle Zitrone noch gut en Erennerung, on aach ähnzelne Dropse on Karamelle, die meer Kenn beim Enkaafe en Kerberich alsemo als Klembcher iewa die Laareteek gelangt kriet hon. En ganz Roll ore Tuut devon hots hechstens mo se Weihnachde von da Tande ousem Kerchbel gen, awwa dann ware dat jo wiere Guzjer gewääs.

On wenn an Pingsde uus Vawandschaft ous Stuttgard met ehrem schwaze Mercedes 170 D komm es, hon die uus Bonbole ore Gutzle metbraacht. Awwa aach die sen dann bei die Klembcher, die Zuckerstän on die Guzjer en der Doos offem Kicheschrank debei gelaacht wor.

Die Krachdebix

Wesst da wat en Krachdebix es? Dat Word hon eich aach schon lang nemme gehort. Awwa neilich hon eich moo dodraan gedaacht, wie meer hennam Hous en ganz vakrotzelde Hollastrouch abgemach hon. Dä hot ganz nächst am Bahndamm gestann on war kromp on schäpp gewaas, ohne lange on grade Aststicka se hon. Die awwa hät ma gebroucht, fo en ordelich Krachdebix se mache, so, wie eich se friea mo hat, wie eich em Suuma noch jede Daach die Lärebox aangedoon hon. Domols harre ma moo henna da Schoua en große Hollabaam abgemach, weil dä sich en da Betz zu bräät gemach hat on meer met däne Hollabeere neist aanfänge konnde, weil die douand von dä Vääl gehul wor sen. Dä Baam war ganz hoch gewaas on hat en scheene lange on riechde Stamm gehat, grad gadding, fo en Krachdebix se mache.

So en ganz grad Stick von däm Stamm von vielleicht 25 Zendimeda Läng brouch ma fo en ordelich Krachdebix. Ennewennich dat weich Gescherr es wie ennem Marchknoche ganz hell on kann merra denna Eisestang leicht rousgedreckt on rousgepodelt wäre. So kriet dat Steck Holz en da Mette en rond Loch von vielleicht em gure halwe Zendimeda Dorchmessa. Ousewennich es dat Hollaholz joo ganz rouh on leit gut on greffich en da Hand, darret net varetsche kann.

Dat es weile dat Rohr von da Krachdebix. Dann brouch ma noch en Steßel fo dat Schießgerät. Dodefor schneit ma sich von änem annere Baam, am beste vonn äna Babbel, en riecht gewaasene Ast ab. Dä sollt ongefäir so dick sen wie dat helzane Rohr, watt ma vorher gemach hot, on so nächst zähn Zendimeda länga wie dat Rohr. Of da ä Seit lesst ma dä Ast en Handbräät so dick wie a gewaas es als Greff fo dä Steeßel, dän ma wei joo boue well. Wo dä Greff am Enn sen on dä Steßel fo en dat Rohr erenn se stoße aanfänge soll, säät ma merra feina Sää dä Ast ronderom so e paar Millimeter en on schrabbt merrem Taschemessa no vore zu dat Holz so

123

weit ab, bes ma sich vor däm Handgreff en denne Stiel zerächtgeschnitzt hot, dä en dat Rohr renbasst. Dä sollt so dreifingerbrät kerzer sen wie dat Rohr, wo ma dän joo rensteche muss. Dann hot ma en ordeliche Steßel on die Krachdebix es feddich .

On weile kemmt et: Die Krachdebix es en Krombeereschießgerät fo kläne Bue. Ma hielt en dick Krombeer on schneid se en viereckische Stefte von ongefähr zwo Zendimeda Läng, die bissje brära sen misse wie de Dorchmessa von däm Loch en der Krachdebix. So en Stick vonna saftischa Krombeer stobbt ma mem Doume henne en dat Rohr on dreckt et met däm Steßel ganz dedorch, bes et vore em Rohr aankemmt. Weile hielt ma noch so en Stick von da Krombeer, on stobbt dat wiere mem Doume henne en dat Rohr. Met däm Steßel dreckt ma die zwäät Krombeer en Stickelche en dat Rohr erenn on vadiescht dodemet die Loft zwische dä zwai Krombeeresticka schon moo e bissje. Weile erschd setzt ma sich de Greff von däm Steßel met seinem hennaschte Enn vore onnam Kinn of die aiene Brost on zieht met seine zwoo Henn ruckartich dat Holzrohr iewa dä Steßel zu sich an die Brost. Dodorch entsteht ennewennisch en däm Schießgerät schnell en ganz hoha Loftdrock zwische däne Kromberesticka on aueblicklich flieht dat väracht Stick Krombeer merrem richdiche Knall ous däm selbst geboute Schießabbarat. So richdich ziele kann ma dodemet awwa net, wenn de awwa bissje Iewung demet host, dann kannst de so 5 Meta weit schieße.

Gelle, weile staunt da awwa! Käna soll saan, dat wär en gefährlich Ding on fo kläne Bue net gedaacht. Doch eich kann ouch beruhiche: Wenn ma von der Krombeer troff werd, dann klatsch dat hechstens e bissje on micht en nasse Dubbe of deine Wammes oore of deine Backe.

Trotzdäm hon eich naachts emoo geträämt, eich hätt met so äna Krachdebix of en Wellsou geschoss, on die wär dod omgefall.

Die Erdbeerkuche en Langelonsem

Wie ma fria so met da ganz Familie offem Honsreck ge-
wohnt hot, do hots fo uus jo noor ganz selde mo die Gelän-
häät fo en Ousfluch en en anna Gächend gen. En da Woch
war dodraan jo gar net se denke, on sonndachs es merch-
dens aach emma ebbes geschafft wor. Außadäm war aach
gar kä Geld doo, for se varääse.

Uus Familie hat en Langelonsem Vawande gehat. Die
harre en Audo on kamde alsemo bei uus of de Honsreck on
harre do ehre Spass. Net noor met uus, aach met däm Bou-
erehuub on met all däm Viehzeich en de Ställ. Ähnes
Daachs awwa saat meine Vadda: "Am Sonndach fahre ma
all mem Zuuch no Langelonsem of de Gebortsdaach!"
Dat war so mette em Suuma on an däm Daach war et aach
forschbar häää. Morjens sen ma dann mem erschde Zuuch
dehäm fot no Siemere. Do muuste ma e bissje waade on en
en annere Zuuch omsteie. So gän Meddach ware ma dann
en Langelonsem. Et war schon bal Zeit fo Meddach se esse.
Die Tande hat en groß Deppe met Äwessopp on Werscht-
scha offem Herd stehn. Dat hot ganz prima geschmackt, on
meer sen dodevon aach allegare gut satt wor. Allegare häst:
Mehr vier vom Honsreck, die Tande on de Unkel met ehre
zwo Kenn on däm Oba ous Langelonsem, on noch en Unkel
ous Kreiznach met seina Fraa.

Dat Hous von uuse Langelonshemer hot so scheen am
Hang gestan on hat dromerom en große Gade gehat. Die
Erdbeerzeit war grad so richdich em Gang. Wie et dann so
noom Nommedach gang es, hot mei Tande gefroot: "Hot da
noch Hunga, eich hon en Erdbeerkuche geback". "Ach, dat
wär doch gar net neerich gewääs, die Äwessopp hot jo soo
gut geschmackt on meer sen aach noch ganz satt devon".
"Eich stelle de Kuche mo of de Disch", hot se dann gesaat.
Rutschdibutsch war dä Kuche all, meer Kenn harre zeerscht
uus Stecka gess.

"Eich gläb, eich hon noch äne", hot die Tande dann gemänt. Wer vom erschde Erdbeerkuche nor ä Stick kriet hat, hot dann schon de Hals no däm noue Kuche vadräht, dän die Tande weile ousem Kella braacht hot. Dä zwäät Kuche war weile genau so schnell all wie de erscht. Die Tande saat dann: "Eich gucke nommo en de Kella, Erdbeere mieste ma jo noch hon". Dann hot se nochemo genau so en gure Erdbeerkuche braacht wie die erschde zwoo on zwische die Kaffeetasse onna däm Sonnescherm em Gade gestalt. Weile muust sich käne me zereckhalle. Aach die Große konnde weile noch en Stick esse. Dann war dä aach wiere all. "Ouch scheint dat jo aach se schmacke", saat de Langelonsemer Oba, "eich kennt noch en Stick esse, Inge, hoste noch ebbes em Kella?" De Oba hat uus dodemet all ous da Seel geschwätzt, on die Inge hat en ehrem Kella werkelich noch mee gehat. Zum Schluss harre ma an däm Nomedach sesamme siewe Erdbeerkuche vadreckt.

De Balle vom Oba

Uuse Blechlasch-Oba hot als noch met iewa 70 Joahr of seinem Handwerk en da Klempnerwerkstatt geschafft. Do horra geflickt on ous seine große Blechtafele noue Känel on Abfallrohre gemach, die dann von de Geselle an die Haisa anmondert wor sen. Die Werkstatt hot nächst beim Hous gelään, wo meer met däm Oba on der Oma sesamme gewohnt on jede Daach aach sesamme Meddach gess hon. Noom Esse war de Oba merchdens so e bissje mied wor on hot gere sei Arme on de Kopp of de Disch gelaacht, an dä Platz, wo korz vorher noch seine Della gestann hot.

Meer zwo Bue, meine Brure on eich, ware awwa net mied on harre grad dann noch so viel se vaziele, wenn de Oba noom Esse sei Ruh hon wollt. Dat Problem harre ma sechs Mo en da Woch. Änes Daachs saat de Oba noom Esse zu uus: "Wenn der zween mo ä Stonn oua Meila halle kennt, dann kriet da von meer en Balle!" Dat war fo uus ebbes Noues, on ma hon aach sofort reageert. Gleich hon ma of die Oua geguckt, on ab sofort es en da Kich kää Word mee geschwätzt wor. Wer awwa mään, de Oba hät weile sei Ruh gehat, dä täicht sich. Weile hot am Disch dat Gegickel aangefang, dä ään hot däm annere die Finga en die Reppe gestuppst, onnam Dich and Bään geträt ore et sen gänseidisch Gesiechta geschnied on Mouze gemach wor. Awwa kääna von uus hot ebbes geschwätzt.

De Oba hot so gedoon, als wenn a schloofe dät. Wie die Stonn grad rom war, homma de Oba geweckt on sofort aan sei Vaspreche erennat. Dä hot sich aach net lompe geloss, seine Geldbeierel ousem Boxeseckel gezoo on da Modda dat Geld gen, fo uus an Schelasch en Balle se kaafe.

Glick ore Mystik

Wie meer domols grad uuse noue Bulldock kriet harre, sen eich met meinem Unkel Hans omens vorm Fierere nommo vor die Buch gefahr, fo en Waan voll frische Klee se hule. Dän hot ma em Suuma emma gäre de Kie engestobbt, on dodevor hon die ähm dann aach ordelich Mellich gen.

Meer hon uuse Plattwaan an dä klä Bulldog gehonk on sen dann vom Huub eronna on de Ingawäch eroff gefahr. Dat Steck, wo ma hienwollde, hot vor da Buch gelään, korz vorm Hebberich on gäniewa von Daalens Haisje. Zeerscht muust ma met däm Mähbalke of däm Steck so zwoo Maare Klee abmähe on met de Reche of Haifcha schärre, dät ma die dann merra dreizinkisch Gawel of dä Plattwaan drofflaare konnt. Dat hot schnell gang on war kä so schwer Awet, schon gar net, wenn ma se Zwäät war. Nodäm ma dann feddich ware, sen ma met däm griene Klee offem Waan dä hubbelich Wääch dann wiere ronna gefahr, iewa die Bahnschiene, an da Molkerei vabei, de Inkawääch eronna on dehäm of uuse Huub.

Wie ma dann dä Waan met däm Klee en die Schoua drecke wollde, homma giesiehn, dät henne am Langfort dä eisene Hamma gefählt hot. Dat war eso:

Dat Langfort von däm Waan hot henne noch en Stickelche ona da Platt von däm Waan rousgeguckt. Dat Enn von däm Holz war onne un ue met Flacheise beschlaan, die henne noch e bissje länger ware on große Lecha harre. Wenn ma en die Lecha en Bolze renngestoch hot, war dat en ganz änfach Kupplung, fo noch ebbes anneres hennedran se henke. Em Friejoahr hot ma so de Gruppa ore die Sähmaschien, on em Herbst die Krombeeremaschien an de Waan gehonk. Dä Bolze war bei uus en Hamma merrem eisene Stiel.

Weile awwa war dä Hamma awwa fot, er muss of däm hubbelische Wääch ous däm Langfort rousgesprong sen, on meer muuste dän suche gehen. Oomens war et joo noch lang hell, on so sen meer zwoo noom Fierere dann zu Fuß

128

de Ingawääch enoff, wiere an da Molkerei vabei, iewa die Schiene on of däm stänische Wäch noom Hepperich zu. Dodebei homma andouand no links an dä Rand vom Wäch on no rächts en dä flach Grawe näwa däm Wäch geguckt. So sen ma met uuse hien- on herschwenkende Kepp bes an uus Steck met däm Klee komm, ohne ebbes von däm Hamma gesien se hon. Do ware ma naderlich ganz entteicht, awwa ma harre joo noch de Reckwääch vor uus. Wie meer dat dann onnawäächs ämo so langweilich woor es, hon eich en änem Aanfluch von kendlich, flabbischa Äänfalt zum Hans gesaat: „Eich wollt, loo dära leie!"

Weil ma weile schon en ganz Stieb neist me merrenanna geschwätzt harre, es de Hans e bissje ous seine Gedanke offgeschreckt on hot vaduzt no meina Seit geguckt, sich dann gebickt on dä eisene Hamma ous däm nähliche Gras näwa däm Wääch offgeroff. Weile sa moo äna, wie dat gang hot, war et Glick ore war et Mystik?

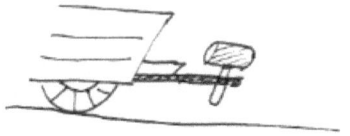

Dat nou Badezemma

De Jupp war en änzelna Mann, en Junggesell, wie ma so seht. Er es noom Kriech of ämo en Bichebeiere offgetaucht on hot bei uuse Leit domols Quadeer kriet. Eich gläb, dä kam vom Sudeteland, wo die Deutsche domols von de Tschesche vatrieb wor sen. Dat ware domols joo iewaall forschbare Zustänn. Eich sen froh, dät eich erschd am Enn von däm Kriech of die Welt komm sen.

Dä Jupp hot bei meinem Henne Oba on Henne Oma em Hous en klää Kaama gleich rächts henna da Housdeer zugewies kriet. Do hot grad emo en Bett, en kläne Schrank on en Kommod merrem Waschloavoor droff, drenngestann. Mee Platz horret doo net gen. Fo meich on all die Vawandte hot de Jupp domols genau so zum Hous gehoat wie all die annere, wo dodren gewohnt hon. On so essa aach behannelt wor, er war wie en ganz normal Mitglied von uusa Familie iewaall debei. Dat hot vor allem aach fot Schaffe en der klä Landwertschaft goll.

Wie se en Loutze aangefang hon, de Fluuchplatz fo die Ami se boue, hot de Jupp doo en Aawet kriet. Spära dann horra die nou Kläranlaach betreut, die zwische däm noue Bahngläs of de Fluuchplatz on däm Brandeweia fo die Amihousing gebout wor war.

En der Zeit war dat Wertschaftswonna en Deutschland schon gut em Gang, on die Leit em Doref hon hie on doo so aangefang, en ehre Häisa en Badezemma on en Kloo enseriechde.

Do es mei Tante of die Idee komm, on hot alles devor gedoon, meinem Unkel die Moderniseerung em ajene Hous offeschwätze. Dä awwa hot emma abgewunk on gesaat: „Dat brouche ma net"! De Oba on die Oma hon datselwe gemäänt. Awwa die Tante hot net locker geloss on ehre Kopp doachgesatzt.

Dat war so grad en der Zeit gewääs, wo de Jupp schon ous Henne ehrem Hous ousgezoo war, weil a scheins ebbes Besseres fon hat, wo a läwe konnt. Dat hot joo aach gut

130

sesamme gebasst met dä Plane von däm noue Badezemma onnem Kloo ennewennich em Hous. Däm Jupp sei Kaama war dodefor genau richdich.

Weile muust joo zeerscht iewalaacht wäre, wie dat dann so gehn kennt. Wo sollt dä ganz Sabsch von däm Kloo on der Badewann dann hienlaafe? End Puulloch, war die erscht Idee. Awwa dodevon es ma schnell abkomm, weil die Rohre dohin so dief herre gelaacht wäre misse, dat se em Wenda net enfreere. Dat awwa wär fo dat Puulloch zu dief gewääs, dat hätt en däm Rohr en Reckstou gen. Dann hot ma iewalaacht, de Abfluss en dä Krawe näwa der Schoua rennselääre. Dä war nämlich schon emma doo gewääs, on hot dat Räänwassa vom Huub zwische da Schoua on däm Gaade en die Betz abgefoort. Wenn ma dat gemach hätt, dann hätt dat joo gestunk wie vareckt on hätt bestemmt en ganz groß Souerei gen. Zum Schluss es neist anneres iewerich blieb, wie dä flach Grawe näwa da Schoua dief oussegrawe, doo Tonrohre als Kanalisation renselään on wiere zuseschäppe. So esset dann aach gemach wor.

Zeerscht muust en Loch doach de Borem von däm noue Badezemma on dann vom Keller ous doach die Houswand of de Huub gekloppt on gegraab wäre. Dat konnt ma joo alles selebst mache. Dann muust zeerscht moo form Hous dä groß Komp ous massivem Sandstään vakloppt on fottgemach wäre. Dä hot doo schon emma met Wassa drenn gestann, on em Suuma konnde die Kieh, wenn se aangespannt wor sen, drous soufe. Von da Houswand ous homma dann met Kreizhack on Schepp quär iewa de Huub selebst en Graawe gemach noo däm kläne Abfluss näwa uusa Schoua. Dä Graawe muust mennestens 60 cm dief sen, dät dodren neist enfreere konnt. Loo sen weile die noue Rohre rengelaacht wor, die en änem Strang bes ganz ronna en Perich ehr Wies gang sen. Doo hon se en Aanschluss aan die Kanalisation kriet, die noch net lang vorher von da Strooß eronna en die Wiese henna de Häisa gelaacht wor war, fo die Abwässa von der nou Kläranlaach

von da Amihousing onnenous se schaffe. Vorher sen die nämlich noch en die Bach, wo von Otscheldsheck kemmt, rengelaaf. Die war dann ue, näwa da Strooß bei Dokdasch, en dä alt Weia ren- on onne bei Schelawellems, iewa en vastellbar Wehr wiere rousgelaaf. Seitdäm dä Dreck von da Housing do renkomm es, war dä schee Weia em Doref ganz vasout, on ma konnt nemme dodren bare. Die Kenn em Doref, die e paar Joahr älla ware wie eich, hon em Suuma en däm Weia noch schwemme geleert, on sen em Wenda met de Schlittschuh drofferom gefahr. Doch weile es de Weia zugeschutt wor, on dä Spass war am Enn. Dodemet hat aach die Fouawehr käne Wassavorrot mee, ous däm se hät
schäppe ore pompe kenne, wenn et em Doref gebrannt hät. Doch et hot bei uus net so viel gebrannt, on wenn et so gewääs wär, dann wär dat fo meich aach wiere en ganz anna Kapitel fo offseschreiwe.

Dat nou Badezemma on dat fein Kloo met der Wassaspielung em Jupp seina alta Stuu en Henne ehrem Hous hon noch en Zeitlang waade misse, bes de Oba, die Oma on de Hans dat aach benotzt hon. Dat weiß Häisje offem Huub vor däm Kiehstall met däm Herzje en da Deer hat doo noch lang net ousgedient gehat. On deswäe war et aach met da Rheinzeidung on spära dann met da Honsrecka Zeidung noch net ganz vabei. Die nämlich hon en däm klääne Setzungsroum henna däm Herzje noch e paar Daach noo ehrem Datum links am Hooke gehonk, on konnde von jedem Besucha nochemoo en Ruh geläs on dann fo ganz annere Zwecke sennvoll benotzt wäre, ebst se dann endgiltich doarch dat groß rond Loch end Puulloch gefall sen.

Gefellde Kleeß

Mei lieb Schwiechadochda!

So iewa die Joore, wo de weile schon als Jungefraa en uusem Hous wohnst, best de ma als lieb Mensch schon richdich and Herz gewaas. Wat dou schon alles bei uus gelehrt host on kannst, dat freit uus allegare arisch. Wenn de weile awwa noch e klä bissje hochklettere wellst en meiner Gonst, dann wesst eich schon wie dat gehn kennt:

Wenn de die Gefellde Kleeß so mache kennst wie mei Modda die gemach hot ore wie die Oma die hout micht, dann däste bei meer schon e moo en Stern kriee, on eich sen aach ganz sicha, däss de dodefor beim Lafer en Stromberch aach äne kriee däst. Wenn dou die Kleeß so koche kannst, dann geherschde zu däne perfekte Fraleit on Schwiechadächda, die ma nemme gään en anna entousche wollt.

On so musst ed fo uus 4 mache:
Am Daach vorher kochst de en Kilo Krombeere so wie Gequellde, schielst se on lesst se kalt wäre.
Am beste kochst de dann aach gleich dat Äppelkombott. Dat muss kalt gess wäre.

Am Daach, wo mat esse wolle schielst de fo die Kleeß oußewennich 3 dicke Zwiewele on duust die sesamme met däne gekochte Krombeere doarch de Alexander dräe.

Dann hielst de 2 Kilo rohe Krombeere, schielst die scheen, rappst se met de Hänn ore dräst se aach doarch die Fleischmaschien. Wat vore rouskemmt, musst de doarch en Duuch seie on die Brie getrennt halle.

Wat de weile alles host, duust de ordelich met deine zwoo Hän en äna Schessel vamenge. Wenn et zu steif werd, kannste de e bissje von der Krombeerebrie debei duun, on wenn et zu denn es, mengst de noch e bissje Mähl debei.

133

Fo dat Fenzel brouchst de en Pond Fleisch, am beste die
Reste ousem Kielschrank, alles, wat de so fendst on wat so
en da Woch iewerisch blieb es. Dat dräst de aach doarch
de Alexander.

Dann weichst de zwoo trockene Bretcha en Milich en on
duust die bei dat Fleisch.

Weile schleest de noch zwei Aaja debei on die Gewerze
Paprika, Muschkatnoss, bissje Peffa on Salz, so lang bes et
da gut schmackt. Alles sesamme musst de gut metnanna
menge.

Wenn de dat alles feddich host, stellst de ennem große
Deppe dat Wassa of de Heard on duust genuch Salz ren.
Dat Krombeeregemisch dreckst de en deine Hänn so
ousenanna, dät de dat Fenzel en da Medde enpacke
kannst. Weile klappst de de Kloß von alle Seite zu on wän-
zelst dän noch e paar moo en de Hänn, derra aach scheen
gleichmäßich rond werd.

So michst de äne Kloß noom annere on duust se dann
vorsichdich en dat kochend Wassa em Deppe. Loo missen
se weile koche, bes se gar sen. Dat douat so en Vedelstonn.
En der Zeit werfelst de en Stick Speck, lesst dän em Die-
chel ous on michst so die Griewe. Wenn die Kleeß ue
schwemme sen se gaar on de kannst se roushuhle on of de
Dich stelle.

Dann däff de Oba sich zeerscht en Klooß of de Della
lään, die Griewa met däm Fett driewa stranzele on dat kalt
Äppelkombott debei schäppe.

Dat schmackt meer am beste on noch en scheene Gruß:

    De Oba

Die wiecht Ferkelsou

Net all die kläne Bouere em Doarf hon domols aach en Ferkelsou gehall. Die harre genuch se duun met ehre Kieh, de Wutze on de Hinkel. Manche Leit harre aach noch äne ore zwoo Geil fo die schwer Awet se schaffe of de Stecka on of de Wiese. Geil harre meer net, meer harre awwa emma en Ferkelsou gehat.

Seitdäm eich denke kann, hot die Ferkelsou net em normale Seistall ehre Platz gehat, rächts von da Schoueredenn, wo die annere Sei en vaschiedene Ecke ehr gemouate on weiß gekallik Behousunge harre, die als doarch en Onnaschied ous Bräre vonanna getrennt ware. Nää, die Ferkelsou war ebbes Besseres, die hat en extra Quadeer ganz henne im Kiehstall, links von da Schoueredenn. Henna däm letzte Platz von der Reih, wo die Kieh gestann hon, on wo merchdens en jung Rend ore en Källebche debei war, hat schon de Oba for langa Zeit en Platz fo die Ferkelsou abgedäält. Dä ehre Stall hat sogar en Fensta no da Betz zu . Do awwa konnt die Sou gar net rousgucke, se hot noor Liecht on frisch Loft dedorch kriet. Dä Stall war scheen groß, aach emma ordelich met frischem Stroh gestraaut, on en da Mette aach merrem helzane Onnaschied gedäält, en däm onne links en klä Loch dren war merra Klapp, die ma zumache konnt. Dat Loch war fo die Ferkel. Wenn die ehr Ruh hon wollde, konnte se loo doasch of die anna Seit von däm Onnaschied abhaue.

Die alt Ferkelsou hot so e paar Joahr do gut geläbt, on se hot aach näächst jed Joahr Ferkel kriet, manichmoo en ganz Dutzend. Dat war en gemietlich on ordelich Dier, viel greßa on schwerer wie die annere Sei en däne Seiställ rächts näwa da Schouereport. Wenn se Noube hat, also wenn se rouschich war on wiere Junge krie sollt ore wollt, brouchde ma met der net weit se fahre. Die Ferkelsou konnt gut zu Fuß bei de Bär gehn. Dä hot nämlich of Perich ehrem Hub gewohnt, dat ware uus Nobaschleit.

Däne ehre Bär war joahrelang de ähnzich Kavalier on Liebhaber von all dä Ferkelsei en da ganz Gächend, on naderlich aach de Vadda von däne ganze Ferkelcha, wo dann so 3 – 4 Monat noo däm Besuch of Perich ehrem Huub of die Welt komm sen.

Mei Henne-Oma hot jede Daach zwaimoo all uus Sei gefierat, awwa der Ferkelsou hot se de liebst se Fresse gen. Se hat aach en Name fo se gehat: Lisbet!

Noo a Heerd Joahr awwa war aach Lisbet so alt, dat ma se schlaachte muuste. On weil ma dat joo schon lang gewosst hon, harre ma schon bei Zeit en jinga Sou ous däm ännere Seistall rächts von der Schouereport als uus nou Ferkelsou ousgesucht. Wie die dann et erschde Moo met Perich ehrem Bär se duun kriet hot on dann gleich trächdich wor es, hot en da erscht Zeit alles noch ganz normal ousgesiehn. Dann sen die Ferkel komm, eich gläb et ware 8 Stick. Die frisch Modda hot sich von Aanfang aan ganz annascht vahall wie die alt Lisbet. Die hot ehr Frischling gar net angenomm, wenn die an ehre Zitze trenke wollde. Se hot se als met ehrem Schness fottgeschubbt, als wollt se met ehre aiene Kenna neist se duun hon. Zwai devon hot se sogar dodgelaacht, ähnfach droffgelaacht hot se sich, do sen se vastreckt.

Dat war net scheen, on et muust ebbes gemach wäre. Do es mei Oma bei die Sou en de Stall rengang fo die Sach moo näher se onnasuche. Die wiecht Sou hot dann aach die Oma net aan sich draan geloss, on am Enn sogar ganz wierich en die rächts Hand gebess. Weile hot die Oma en Siemere em Krankehous gelään on meer harre dat Problem met de Ferkelcha on ehrer wiechta Raawemodda, die däne kä Mellich gen wollt.

Do es uus neist anneres iewerich blieb, wie die 6 kläne Ferkelscha met da Mellichflasch se fierere on offseziehe, sonst wäre die uus joo vahungert. Die roulich Moddasou hot debei gestann, domm geklotzt on so gedoon, als gäng sie dat alles neist aan.

Dat Fierere met da Nuckelflasch war en Awet fo uus allegare, aach fo meich. Eich kann mich noch gut dran erennere, wie mei Tante ämo gesaat hot: „Wat emo grad e bissje, eich hule de Fotoabbarat ousem Kläreschrank on knipse ouch zween moo". Von do stammt dat schee Beld, wat der weile all vore of däm Omschlaach von meinem Biechelche met meine Geschichte vom Honsreck siehn kennt.

v

Geschichten auf Hochdeutsch

Wer unsre Mundart gar nicht kann
Dem werden hier zu guter Letzt
Einige von den Geschichten
Fein ins Hochdeutsche gesetzt

Auch Neues gibt es hier zu sagen
Für Menschen, die das gerne wünschen
Geschichten aus den alten Tagen
Für Plattschwätzer und sonst so Menschen

Von der iewerscht on der onerscht Miel

Es gab nur die iewerscht (obere) und die onerscht (untere) Miel (Mühle), keine lag dazwischen, keine obere, keine untere und auch keine in der Mitte. Nennen wir sie hier die obere und die untere Mühle.

Diese Zeilen könnten den jungen Zeitgenossen des Dorfes eine Sehhilfe bieten für den Blick in die Lebensumstände ihrer Vorfahren aus dem letzten Jahrhundert, die sich, obwohl erst wenige Generationen von der Gegenwart entfernt, in so vielen Einzelheiten von den heutigen unterschieden. Aus der autarken Lebensweise derer, die im Dorfe vor uns waren, die ihre eigene Versorgungskette, angefangen von der Erzeugung der Rohprodukte auf dem Acker und im Stall, deren Lagerung in Scheune, im Keller und auf dem Dachboden, die veredelnde Verarbeitung bis hin zu den hausgemachten Endprodukten in eigener Regie und Arbeit organisiert hatten, greifen wir ein einziges Glied heraus: Das Mahlen des Getreides in den dörflichen Wassermühlen. Dazu gab es in Büchenbeuren die obere und die untere Mühle, beide an dem gleichen Bach des Dorfes gelegen, von dem sie ihre Kraft nahmen.

Die obere Mühle war den Bewohnern des Oberdorfs vorbehalten, also den Oberdörfern, und die untere Mühle malte für die vom Unterdorf. Der Backes, das war das öffentliche Backhaus, in dem sich die Kette der Selbstversorgung nach dem Mahlvorgang fortsetzte, markierte die Grenze zwischen beiden Dorfhälften, also zwischen oben und unten. Diese Proportionen nahmen zu keiner Zeit einen ordnenden Rang ein oder bestimmten ein Abhängigkeitsverhältnis der Menschen zueinander, und niemand aus dem Unterdorf war einem aus dem Oberdorf Untertan. Auch wenn diese Definition nicht ganz die historische Wahrheit trifft und die beiden Mahlstätten tatsächlich über lange Zeit in jeweils eigenen Mühlengesellschaften mit festen Mitgliedern begründet waren, deren Anwesen und Hofstatt nicht immer dieser Verortung entsprachen, hat mir mein Opa aus dem Oberdorf der Einfachheit halber die Mühlenlage nach oben und unten erklärt und der andere Opa aus dem Unterdorf ließ das Bild gelten.

Feste Verträge wiesen den Eignern halb- oder ganztägige Mahlrechte zu und eindeutige Abmachungen im Wasserbuch regelten die Einzelheiten des Gewässerstaus für den Hirschbach, dessen nördlicher Arm aus „Iewerscht-Otscheld" kam, unter dem Bahndamm einen künstlichen Durchlass fand, sich von dort in einigen Windungen durch die Wiesen von „Otscheldsheck" schlängelte und in seinem weiteren Lauf, die Molkerei links liegen lassend, direkt in den Ort führte. Dort war ihm neben der Dorfstraße ein regulierendes Wehr gesetzt, denn der Bach war hier zum zentralen Löschteich gestaut, der in seiner Doppelfunktion den wenigen Liebhabern sommerlicher Badefreuden zeitweise auch als Planschbecken diente.

Jetzt strebte das schon einmal genutzte Gewässer dem schmalen und klaren Bächlein zu, das aus den feuchten Wiesen des „Umgangs" durch die Gemarkungen „Anspann" und „Breggelsche" aus dem Westen heranplätscherte, um sich mit diesem im „Pril" zu vereinen und aufzurüsten für den frontalen Angriff auf das mächtige Wasserrad der oberen Mühle, die nicht mehr weit war und an der Weggabelung nach Niederweiler und Wahlenau im Schatten einiger hoher Bäume ihren geschützten Standort hatte.

Ein letztes Wehr oder Weiche vor der Mühle konnte den Energiestrom des Wassers entweder an der antreibenden Arbeit hindern, oder, seine Angriffslaune grimmig verstärkend, auf den aus Holz gezimmerten Wasserkanal schicken, der die nasse Energie in seinem Zulauftrichter noch einmal bündelte und tosend auf die hölzernen Kammern des mächtigen Wasserrads niederstürzen ließ, sie fortwährend füllte und das Rad zu stetigem Lauf zwang. Wenn sich bei Frost, den es damals noch gegeben hat, das überschüssige Wasser neben der Mühle auf den Wiesen ausgebreitet hatte und zu Eis erstarrt war, lud der Platz zu winterlichem Vergnügen ein. Die Kufenkünstler mit ihren anzuschraubenden Schlittschuhen sammelten sich an solchen Wintertagen nach der Schule zum gemeinsamen Spiel, Spaß und Sport auf der Eisfläche. So mancher Schuh hat den beklemmenden Seitendruck auf die Sohle langfristig nicht überstanden, doch unsere vier Schuster im Dorf fanden stets Mittel und Wege, die entstandenen Serienschäden routiniert zu beseitigen.

Einige hundert Meter abwärts, nahe der Niederweiler Gemarkung, wartete die untere Mühle am gleichen Bach auf den gleichen flüssigen Kraftstoff, der seine Energie bei der oberen Kollegin nur verliehen, nicht aber erschöpft oder gar verbraucht hatte. Die erneut gebündelte Wasserkraft stürzte noch einmal druckvoll auf das Antriebsrad nieder, bevor sie sich nach der Verwirbelung im Auslaufbecken der unteren Mühle mit sichtlich entspanntem Ge-plätscher am Saum des Fichtenwaldes klaglos weiteren Aufgaben in den Nachbargemeinden zuwandte.

Manchmal war eine Mühle auch krank; dann musste der Mühlarzt kommen. Dieser allseits hoch geachtete Herr, ein Chirurg, Universalheiler und Seelsorger für Wassermühlen in einer Person, kam von auswärts, führte einen Koffer mit sich und war zuständig für alle Unpässlichkeiten der so wichtigen Mahleinrichtungen der Region. Ja, die Mühlen besaßen einen lebendigen Organismus und hatten ein empfindsames Seelenleben, keine war der anderen gleich.

Die Berufsbezeichnung „Mühlarzt" schreibt dem Träger dieses Titels in der Kurpfälzischen Zimmerleuteordnung von 1579 die Fähigkeiten des Mühlenbaus und der kompetenten Wartung all ihrer Komponenten zu. Auch vorbeugende Besuche dieses Heilkundlers und Betriebsingenieurs hat es regelmäßig gegeben, etwa um die durch ständige Betriebsamkeit abgeschliffenen Mühlsteine erneut zu schärfen, die Lager und Buchsen des Räderwerks zu fetten, die

Treibriemen zu prüfen, diese bei Bedarf zu flicken oder zu ersetzen.

Wenn für uns der Tag mit dem eigenen Mahlrecht heranrückte, nahm mich mein Opa mit auf den Speicher, wo das Getreide lagerte. Es war nicht nur Korn, also Roggen, das zu Brotmehl gemahlen wurde, auch Weizen, aus dem Weißmehl für den Kuchen entstand, wartete hier auf die Einsackung und den Transport zur Mühle. An anderen Tagen ging es auch um Gerste oder Hafer, die zu Kleie für das liebe Vieh zu schroten waren.

Dreieinhalb „Semmer", (man nannte es nicht Scheffel) voll mit Getreide füllten einen Sack. Am Boden kniend schob Opa mit kräftigen Schüben und nachhaltigem Druck beider Knie das flache, hölzerne Hohlmaß über den glatten Estrichboden in das dort lagernde Getreide. Große einladende Bewegungen beider Arme strichen gleichzeitig die Körner über den Rand des runden Gefäßes ein und glätteten sie danach sorgsam. Der den Bottich überspannende Bügel stand in steifer Verbindung zu einem umlaufenden Metallband und bot so eine feste Handhabe für das Umfüllen seines Inhalts in den schlanken, groben Leinensack.

Ein prall gefüllter Roggen- oder Weizensack wog mehr als einen Zentner, was den heranwachsenden Buben besonders dann herausforderte, wenn die Last von dem oberen Speicher unter dem Dachgiebel über die wackelige Holztreppe, die beide Lagerebene des Dachbodens verband, vorbei an der Räucherkammer und bis ganz nach unten auf den Hof zu tragen war.

Am Mahltag dann zog ein kleines, gut bepacktes Gespann, vorne an der Handdeichsel des Leiterwägelchens von Opa gezogen und hinten vom Enkel geschoben, vom heimischen Gehöft zur Mühle, der oberen oder der unteren. Mühsam war es, die Last der Rohware die Stufen zur ersten Arbeitsebene der Mühle hinaufzutragen. An kalten Tagen ersetzte der körperliche Einsatz bei dem Transport der Säcke über die schmalen Stiegen in die obere Etage, wo der hölzerne Einfülltrichter auf das Getreide wartete, fürs erste die fehlende Raumheizung. War dies geschafft und die Funktion der Mühle mit Opas geübten Handgriffen so ganz ohne Elektrizität in Schwung gebracht, stellte sich das monotone Klopfen des Rüttelmechanismus am Einlauf in das Mahlwerk ein.

In gemäßigter Eile rieselten jetzt die Körner scheinbar einzeln, doch stetig, ihrem zermalmenden Schicksal entgegen, hinein in die Rotunde, in der die schweren Mühlsteine ihre Kreise gegeneinander drehten und zuverlässig ihre aufreibende Arbeit an den Körnern verrichteten. Jetzt begann der gemütliche Abschnitt des Tages, denn es gab vorerst nichts mehr zu tun. Die Sinne beschränkten sich auf das aufmerksame Belauschen der klappernden Arbeitsgeräusche des ineinandergreifenden Mechanismus von Antriebs- und Mahlwerkzeugen, der die langsam einlaufende Feldfrucht zwischen den harten Mühlsteinen in feinen grauen oder weißen Mehlstaub verwandelte, und das edle Produkt leise in den darunter hängenden Mehlkasten sinken ließ. Weiß oder grau hing ab von dem verwendeten Rohstoff. War es Weizen, ergab dieser das lockere weiße Kuchenmehl, allgemein bekannt als Weißmehl. War es Roggen, wandelte sich dieser in das schwerer fallende hellgraue Brotmehl.

Jetzt hatte man es erst einmal geschafft, die Technik für sich arbeiten zu lassen. Es kam die Stunde der Rast im Mühlenstübchen, das in der oberen Etage des Mühlenhauses an der Sonnenseite eingerichtet, und das mit einem kleinen Tisch, einer einfachen Bank, einem groben Hocker und einem runden Öfchen gemütlich ausgestattet war und dadurch einen anheimelnden Charme besaß, der das wechselnde Mühlenpersonal zum Verweilen einlud. Hier konnte der Laienmüller durch das enge, von hölzernen Sprossen geteilte zweiflügelige Fensterchen seinen Blick verträumt nach außen richten auf die vertraute Ackerlandschaft, und seinen Gedanken freien Auslauf gewähren über die Grenzen des Horizonts hinaus, und in seiner Fantasie die Antworten suchen auf die Fragen nach dem, was sich dahinter verbergen mochte.

In den Wintermonaten musste von zu Hause Reisig und Holz zum Betrieb des kleinen Ofens im Mühlenstübchen mitgebracht werden, und der natürliche Tageslauf begrenzte die Arbeiten in der Mühle auf die Zeiten mit ausreichender Beleuchtung. Opa hat sich dort immer ein Pfeifchen gegönnt und von früher erzählt, als er jung war und von seinem Opa die Geschichten des Hunsrücker Landlebens erfuhr.

Ein namenloser Poet in der langen Reihe der Müller hatte seinen zahllosen Nachfolgern zur Unterhaltung und Erheiterung folgende Lebensweisheit empfehlend ins Gebälk des Stübchens geritzt:

Suchst Muse Du an trüben Tagen,
Musst Korn Du in die Mühle tragen.
Hältst Du dann im Stübchen Rast,
Du auch wirklich Freude hast.

Die obere Mühle am Wahlerweg
(um 1950)

Der Flappes

Es heißt „der Flappes", nicht etwa „die oder das Flappes". Dem Begriff ist somit das männliche Geschlecht zugewiesen. Daraus darf aber nicht voreilig von der Ausschließlichkeit der maskulinen Ausprägung des „Geflappten" ausgegangen werden, auch die femininen Ausgaben dieser Spezies wärmen sich gleichermaßen auf diesem Erdenrund unter unserer gemeinsamen Sonne. Der männliche Artikel ist also auf den Begriff des Menschen bezogen, und so kann bei der Beilegung desselben nur von der Annahme ausgegangen werden, diesen einer Unterform, einem Derivat schlechthin, zugeteilt zu haben.

Die zur Untersuchung stehende Menschensorte mit den nachfolgend beschriebenen Eigenschaften und sonstigen Zutaten muss fortan mit „er" oder „ihm" bezeichnet werden. Der gemeine Flappes ist ein einfacher, manchmal etwas infantiler und einfältiger, aber dennoch gutmütiger und nicht auf seinen Vorteil bedachter Mensch mit durchweg überschaubarem Bildungsstand, einer Weichheit des Wesens, dem die Natur nur mäßige charismatische Qualitäten zugestanden hat, ein eher mit Wankelmut, defensivem Gesamtverhalten und eingeschränkter Urteilsfähigkeit ausgestatteter Zeitgenosse.

Diese schwachen persönlichen Merkmale machen ihn leicht steuerbar, fremd bestimmbar, somit manipulierbar und für die stärkeren Naturen pflegeleicht und unterwürfig dienstbar.

Seine lebenstüchtigen Elemente sind eine besondere Art eines aus der Kleinmenschenzeit erhaltenen Humors und die Fähigkeit an der Konservierung und Nutzung kindlichen, eben flappischen, Freudenzaubers, dem keine Widerspenstigkeit anhaftet, und dem die kämpferischen Kraftmeiereien anderer Teilhaber der Gesellschaft fremd sind. Entbehrende Haltung, Opferbereitschaft und Hintanstellung eigener Interessen im Wettbewerb der Mitmenschen sind ihm als zusätzliche Charakteristika bewertungsfrei beigestellt. Seine äußeren Signale und Zeichen belegen die inneren Befindlichkeiten einer wenig organisierten Festigkeit des Willens und einer träumerischen Gedankenwelt. Diese zeigen sich bei der verlegen zu nennenden Haltung des Körpers mit schlaffem Mittelstück, ge-stützt von quer überstellten Beinen und beflügelt von linkisch umherschlenkernden Armen mit daran sich windenden Händen und zwirbelnd spielenden Fingern.

Der Flappes geht nicht einfach seiner Wege, er flappt vielmehr durch die Gegend. Das Flappen ist geprägt von langen, im Takt unorganisierten und ungleichmäßig abgemessenen Schritten, die den dumpf nach vorne gebeugten Körper im ungeordneten, manchmal auch wiegenden Gang tragen. Diese Prädikate, gepaart mit einem Ausdruck der schwankenden Stimme in unterwürfiger Klangfarbe, die in der Balance steht mit dem dürftigen Blick der verträumten Augen, machen den Flappes zu einem subordinierten Individuum mit eingebauter Vortrittsgewährung und weisen dem so markierten Menschen eine überlebensfähige Nische in einem unteren Rang auf der Sprossenwand unseres Sozialgefüges zu.

Die Namenserfinder jedoch, die sich selbst in ihrem Stande einst über den Flappes erhoben haben und mit genüsslich abwärtiger Blickrichtung seitdem auf diesen niedersehen, oft begleitet von beleidigender Stichrichtung ihres rechten Zeigefingers, sorgen in selbstgefälliger Boshaftigkeit für den Fortbestand der einmal zugewiesenen Rangordnung.

Vom Flabbes bis zum Scheez

Im täglichen Umgang der Menschen untereinander ist eine treffende Sprache mit ausreichendem Vorrat an prägnanten Begriffen für die gegenseitige Verständigung sehr hilfreich und nützlich. Das Hunsrücker Platt ist mit solch dienlichen Worten sehr facettenreich ausgestattet, was in der folgenden Betrachtung mit Blick auf die im Titel genannten Exemplare bewiesen werden soll. Als einer, der 50 Jahre in der Norddeutschen Sprachdiaspora lebt, weiß ich noch immer die Vorzüge meiner deftigen Hunsrücker Mundart mit ihren knappen Ausdrücken zu schätzen.

Zur Analyse häufig genutzter Benennungen greife ich gerne mitten hinein in die Kiste meiner seit einem halben Jahrhundert gut konservierten und mehrmals jährlich auf Tauglichkeit überprüften Sprachelemente.

Der Flabbes wurde in einer früheren Betrachtung, der diesem vorangestellt ist, schon einmal gründlich untersucht. Während dort für die Benennung noch 2 *Pes* bevorzugt waren, neige ich heute vor und nach den beiden Vokalen zu den *hälischer* klingenden und dadurch angemesseneren 2 *Bes*, was das träumerische Gemüt und den nachgiebigen Habitus des Gegenstands einfühlsamer beschreibt.

Es gibt auch weibliche *Flabbese,* womit schon mal der Plural geklärt wäre, doch in der Einzahl heißt es auch bei den Damen *der Flabbes,* denn *die Flabbes* ist in dem filigranen Besteckkasten unserer so treffsicheren Hunsrücker Mundart nicht vorgesehen.

Wird die Ansprache aber konkret und persönlich, dann ist *dat geflabbt Sowieso* eine beliebte Floskel. Einen noch höheren Verbreitungsgrad verbal wie real genießt der diskriminierende Ausspruch *dat geflabbt Mensch*, was ohne den Namensbezug auskommt und von urteilsfähigen Kennern dann gerne benutzt wird, wenn sie mit Gleichgesinnten über den *Flabbes schwätze.*

Gleichrangig mit dem *geflabbt Mensch* und ebenso individualisiert ist das männliche Gegenstück, nämlich *dä geflabbt Kerl*. Zu einem solchen mutiert ER schnell durch die Anschaffung einer *geflabbt Chaise*, womit ein verrücktes Auto gemeint ist, oder wenn er sich mit einem *geflabbten Kostüm* kleidet, einem auffälligen Anzug also. Ist die Abweichung vom Üblichen und damit die Provokation der Normalos gar zu arg, greift das Hunsrücker Bergvölkchen schon mal eine Armlänge tiefer in die sprachliche Schatzkiste und erklärt die Zielperson für *jenisch*.

Der öffentliche Joker Wikipedia hat darunter folgendes in seinem Arsenal: Jenisch ist eine Varietät der deutschen Sprache, linguistisch gesehen eine Sondersprache von fahrenden Bevölkerungsgruppen bzw. von deren ortsfesten Nachfahren."

Wir aber wissen, was wir darunter zu verstehen haben! Beiden Geschlechtern von *Flabbesen* hat Mütterchen Natur solch sanfte Eigenschaften zugewiesen wie Bescheidenheit, Unterwürfigkeit, Gutmütigkeit, Nachgiebigkeit, was die Betroffenen vordergründig dümmlich und dürftig wirken lässt, sie zu Werkzeugen der Normalos degradiert und für deren Zwecke verführbar und dienstbar werden lässt. Die *Flabbigen* nehmen damit unfreiwillig die Clownsrolle an und werden zu jedermanns Gespött, was sie aus Mangel an selbstkritischen Kräften nicht aus ihren subordinierten Lebensbahnen wirft. Nie wird der Flabbes Herrenmensch sein, nie Alphatier in seiner sozialen Gruppe, nicht Hammer, er wird immer Amboss bleiben. Ist er außer *flabbig* auch noch *zwärisch* (was einer eigenen ausgiebigen Betrachtung bedarf), dann ist ihm die Rolle als Kasper und Witzfigur für lange Zeit sicher, vor deren Wahrnehmung ihn aber eine angeborene Immunität schützt, und die ihm gleichzeitig in seinem Minikosmos einen persönlichen Glücksanspruch erfüllt.

Der Tobat hingegen ist ein tollpatschiges und stets unglücklich agierendes Weichei, eine Blindekuh mit einem Brett vor dem *Molles*. Außerdem scheint er auch noch ständig vom Pech verfolgt zu sein. Seine Schusseligkeit und das dümmliche Verhalten wirken trottelhaft und lassen ihm nichts wirklich gelingen. So muss der *Tobat* sich von seinen lieben Mitmenschen so manches Mal den Vorwurf: *Dou best bestusst!* anhören, was soviel bedeuten soll wie von irgendwelchen negativen Gravitationskräften in Anspruch genommen und verhext zu sein.

Tobich ist das Verhalten des Tobat zu nennen, was allerdings mit dem heiteren Toben eines ausgelassenen Kindes wenig zu tun hat und hinter dem führenden "T" mit einem o, wie Otto vorne und nicht wie Otto hinten, gesprochen wird. Bei der Verteilung stärkender Persönlichkeitsmerkmale durch Mütterchen Natur hat unser *Urtobat* damals wohl nicht rechtzeitig "hier" gerufen.

Tollpatsch wäre das regelsprachliche Synonym für *Tobat* mit den Attributen tappsig, linkisch, unsicher im Auftreten, unvorsichtig und unaufmerksam, unklug, eben *tobisch!* Ohne Absicht tritt er leicht und schnell in überall herumstehende Fettnäpfchen, passt nicht auf, lässt sich übers Ohr hauen und gerät in der Auseinandersetzung mit den Normalos dieser Welt schnell zwischen die besetzten Stühle.

Sind die Defizite gröblicher Art und für jedermann wahrnehmbar, kann aus dem *Tobat* leicht ein *Scholles* werden, einer also, dem es im Regiezentrum mangelt, oder auch zum *alde Horke*, dem vor allem der körperliche Feinschliff gänzlich fehlt. Beide gelten dann schnell als *die fräserliche Kerl*, doch in seiner milden Selbstentsagung verkörpert der gewöhnliche *Tobat* das Gegenteil eines ungeliebten, aufsässig anhänglichen Zeitgenossen.

Das *tobische* Exemplar im weiblichen Gewand bleibt auch *der Tobat*, woraus die irrige Auffassung abzuleiten wäre, davon auf dieser Welt nicht so viele anzutreffen.

Der *Schlorem* teilt mit dem *Flabbes* und dem *Tobat* bedeutende Schnittmengen. Er ist ein einfacher Erdengänger, der antriebslos, schlacksig und schlampig, stumpfsinnig und stumpffühlig ohne Leitplanken und Ziele wie ein Kesselflicker und Karussellbremser am Rand der Gesellschaft durch sein dürftiges Leben schlürft, gelegentlich mit seinen skurrilen Ideen spöttelnde Sticheleien der Normalos auf sich zieht, um danach wieder in die Grauzone seines Daseins zurückzufallen. Unzuverlässigkeit, gelegentlich auch Schlitzohrigkeit und begrenzte Belastbarkeit in Schule und Beruf werden diesem defizitären Menschlein zusätzlich nachgesagt.

Doch sind wir weit davon entfernt, den allgemeinen *Schlorem* als dumm im Sinne von wenig intelligent oder gering gebildet zu erniedrigen. Mütterchen Natur hat ihm die gelegentlich vorführbaren Einzelkünste dieser Art nur nicht immer in ausgewogener Rezeptur mit anderen Tugenden angerührt, was den bedauernswerten Exemplaren ein Leben als *Schlorem* verhindern könnte.

So beschert die Einseitigkeit der Begabung seinem Lebensschiff gelegentlich Schlagseite und Schlingerkurse, die ihn auf seiner oberirdischen Lebensreise schon mal als schmierigen Taschen- und Falschspieler auffallen lassen. Sehr unausgeglichene Muster dieser Art schwingen sich in autistischen Anwandlungen als Frei- oder gar Feingeister zu erstaunlicher Mitteilsamkeit auf.

Unser Studienobjekt lässt sich aber gewöhnlich in den Tag hinein und aus diesem wieder hinaustreiben, was über die Jahre in das vereinfachte Leben der Isolation, gepaart mit verwahrlosenden Tendenzen führt, mit der Spätfolge eines gebeugten und bedrückten Narren.

Auch der *Schlorem* wird immer Wasserträger bleiben, woran unsere Gesellschaft ohne Unterlass Bedarf entwickelt, und die hämischen Beigaben aus ihrer Mitte samt allen diskriminierenden Zutaten machen aus dem schon angeschlagenen Erdnuckel ganz leicht einen schillernden Dorftrottel.

In der weiblichen Ausgabe bleibt *Schlorem* übrigens *Schlorem*, ohne Präfix und Suffix. Aber *Schlorem* ist nicht *Schlurri!* Letzterer ist die pfiffige Variante, die mit einer gehörigen Portion instinktiver List und Bauernschläue gesegnet ist, und darum die ihr zugewiesene Rolle im täglichen Haudraufgemenge besser behauptet.

Hin und wieder erregen besonders schleimige, schlecht durchgebackene und deshalb klitschige Exemplare aus dem Stamm der *Schloreme* und *Schlurris* durch ihre sehr eigennützigen Mitnehmerqualitäten, die durchaus diebisch materiell zu verstehen sind, und nichts mit den sportlich honorigen Nehmerqualitäten eines Boxers gemein haben, die Volksseele.

Die Steigerungsformel der Schmähworte lautet: *Flabbes, Tobat, Schlorem, Scheez!* Das klärt, dass der hier beleuchtete Menschentyp kein Sympathieträger mehr sein kann und im gesellschaftlichen Ranking weit unten stehen muss: *Dat is en Zores, ma mähn, die kämde ousm Waan!* Ein ähnlich einfühlsames Urteil kann auch lauten: *Die sen jo gän de Kamp geschoor!*

Alle Oos sind auch hier wieder wie Otto vorne zu sprechen! Der aus dem Wagen zu kommen und auf Krawall gebürstet scheint, gilt der Öffentlichkeit als Taugenichts und Schurke. Seinen Mangel an Geistes- und Herzensbildung sucht er durch ein Übermaß an Einbildung und machohaftem Imponiergehabe auszugleichen. Als äußere Statussymbole dieser Scheinmacht müssen gelegentlich protzige Autos und andere Ausstattungen herhalten, deren Anschaffungs- und Betriebskosten mit den herrschenden pekuniären Verhältnissen ebenso wenig im Einklang stehen, wie die Motorleistungen dieser Machtzepter mit den Geisteskräften ihrer Fahrer.

Der *Scheez* bildet ein eigenes Geschlecht und kann dennoch weiblich sein. Dann aber ist er immer noch ein *Scheez* und keine *Scheezin, Scheezine oder Scheezeuse*, denn *Scheez* bleibt *Scheez*, womit nicht die falsche Behauptung: *Einmal Scheez - immer Scheez!* in die Welt gesetzt sein soll. Auch bei *Scheezen* tritt gelegentlich eine überraschende und wohltuende Geschlechtsumwandlung ein.

Was die Gattung der *Scheeze* im Urteil der Normalos so zu schrägen Typen ohne Moral und Anstand absinken lässt, sind besonders unfeine Exemplare ihrer geschmähten Unterarten, zu denen ordinäre Gassenjungen, arbeitsscheues Gesindel, parasitäre Tagediebe, irre Randalierer, mordende Bombenleger und abgedrehte Liebhaber entrückender Rauschmittel zählen. Die deftigen Worte: Schlägertyp, Gangster und Betrüger benennen die harten Fälle der Träger besonders verwerflicher Eigenschaften dieser gefürchteten Randgruppe und brandmarken deren Eigner als ekelhaften Abschaum der Gesellschaft.

Der *Scheezophrenie*, als eine ansteckende Krankheit unter den Menschen mit einem wirksamen Immunsystem gegen die Akzeptanz allgemeiner Normen, gilt es, im Licht der Langzeitwirkung gesehen, eher durch bekehrende Maßnahmen wie das stets aufrechte und geradlinig vorgelebte Eigenverhalten, entgegen zu treten, als sie in bissiger Konfrontation zugleich feindlich wie unwirksam zu bekämpfen. Ob Realo Normalo bei der schnellen Zuweisung der in dieser Betrachtung untersuchten Unehrentitel den oben ausgewalzten Bedeutungsreichtum stets im Sinne führt, ist nicht immer ausgemacht.

Bei einer plötzlichen Begegnung muss der zu Subordinierende blitzartig abgefertigt und in das gewählte Fach der Schmähebene gestoßen werden. Bei der Wahl der Begriffe mag die durch frühere Einflüsse schon vorgeheizte vegetative Nährkultur für die aktuell rebellierenden und mutierenden Viren im kribbelnden Bauch des Verurteilers eine

geheime und deshalb unklare Rolle spielen. Bei einer Ver-
biegung der Maßstäbe kann die eigene Voreinstellung
leicht mal ein Schnippchen schlagen, was am Ende den
selbst ernannten Richter gar zum *Flabbes, Tobat, Schlorem o-
der Scheez* werden ließe.

Mit dem Opa auf dem Michaelismarkt

Als ich noch klein war, hatte ich zwei Opas in Büchenbeuren. Der eine war Schneidermeister und hatte sein Haus im Oberdorf, und der andere war von Beruf Klempnermeister und wohnte im Unterdorf. Natürlich hatte ich auch zwei Omas, von denen auch die eine im Oberdorf und die andere im Unterdorf wohnte. Auch andere Leute wohnten noch in diesen beiden Häusern, z. B. meine Eltern in dem Haus von „Blechlers" Opa (dem Klempner), wo auch seine Werkstatt gewesen ist.

Das Haus des anderen Opas, des Schneiders, nannte man "Henne", und dort wohnten noch zwei Tanten, mein Onkel und der Jupp, die aber alle keine Kinder hatten. Damals waren fast alle Dorfbewohner auch Kleinbauern, d. h., sie alle besaßen eine kleine Landwirtschaft, auch dann, wenn sie außerdem noch einen anderen Beruf hatten oder einer anderen Erwerbstätigkeit nachgingen.

Die Höfe hatten alle eine überschaubare Größe, doch die Arbeit musste immer getan werden. Im Sommer fing das morgens schon beizeiten an, wenn im Stall die Kühe vor Hunger schrien. Das begann schon bei entretender Helligkeit und bevor sich die Kinder auf den Schulweg begaben. Wenn in den Kuhställen das Füttern überall so im Gange war, dann quiekten und grunzten bald danach auch schon die Schweine und wollten was zum Fressen haben. Nur die Hühner in ihrem Schlag warteten geduldig, bis sie gefüttert wurden und hinaus durften auf die freie Wiese mit den vielen Obstbäumen hinterm Gehöft.

Die Kühe waren Nutztiere, keine Zuchttiere. Sie wurden gebraucht, um den Wagen zu ziehen und natürlich auch wegen der Milch, die sie uns gaben. Im Frühjahr, Sommer und Herbst zogen sie nicht nur brav den Wagen, auch den Grupper, die Egge und die Sämaschine zum Aussäen des Roggens, des Weizens, des Hafers und der Gerste, mussten sie mühevoll und geduldig über die Äcker schleppen. Auch spannte man sie vor den Pflug, wenn die Äcker im Frühjahr für die Kartoffelanpflanzung vorbereitet wurden. Im Sommer zogen sie dann die Mähmaschinen, um das Gras auf den Wiesen für die Heuernte zu mähen.

Wenn das vorüber war, kam schon wieder die Zeit für die Wintergerste und überhaupt für die Getreideernte und zwischendurch auch noch für den Krummet (den 2. Grasschnitt). Alles mussten die Kühe auf die Äcker ziehen und von den Äckern wieder nach Hause auf die Höfe und in die Scheunen, in die Häuser und Keller. Und nicht zu vergessen, zwischendurch mussten Jauche und Mist ausgebracht werden, was immer ein schweres Stück Arbeit gewesen ist, für die Kühe und auch für die Menschen.

So war es also kein Wunder, wenn so eine Arbeitskuh beim Melken nur wenig Milch hergeben konnte. Doch die Kleinbauern hatten alle so 2 bis 6 Kühe in ihren Ställen stehen und konnten von der Milch meistens noch etwas an die Molkerei im Inkerweg verkaufen. Das ging so, dass man den Teil der Milch, den man abgeben wollte, abends und morgens in die großen 15-Liter-Kannen aus Aluminium eingefüllt, und dann beizeiten zu der nächsten Milchsammelstelle im Dorf, der Milchbank, gebracht hat. Von dort holte sie später der Milchwagen, der von zwei Pferden oder von einem Schlepper gezogen wurde, ab.

Ei, das war für mich manchmal so schön, wenn im Winter Schnee lag und die Pferde und die Schlepper mit dem Wagen voller Milchkannen den Inkerweg hinauffahren wollten und ins Rutschen gerieten. Dann sah ich mir die Fuhrwerkerei und die Schimpferei auf der Straße von der wohligen Stube aus an, die auch gleichzeitig die Schneiderwerkstatt meines Opas aus dem Oberdorf gewesen ist, und hatte dabei meinen Spaß.

Eines Tages, es war so Anfang Oktober, fuhren mein Blechlers Opa und ich mit dem Zug nach Kirchberg zum Michaelismarkt, um dort eine neue Kuh zu kaufen. Der Sommer war schon vorüber und jetzt kam die Zeit, in der die Kühe nicht mehr so viel arbeiten mussten. Die neue Kuh sollte vor allem ein bisschen mehr Milch geben als die anderen zwei, die zu Hause im Stall standen.

Ich war damals um die Zehn Jahre alt und mein Opa vielleicht so an die 70 Jahre. Wegen der Schule fuhren wir erst nachmittags dorthin und mussten ja auch am gleichen Tag wieder nach Hause kommen. So gingen wir auf dem Kirchberger Michaelismarkt von dem einen zu dem anderen Viehhändler und besahen uns die Ausstellungsstücke genau. Schöne Kühe waren dabei, viel schöner, als sie bei meinen zwei Opas in den Ställen standen. Manche waren sogar gescheckt, also bunt gefleckt mit mehreren Farben. So etwas hatte ich noch nicht gesehen. Da wurde dann viel geredet und beredet, verhandelt und herumschwadroniert, doch endlich hatten wir eine Kuh gefunden, die uns gefiel, meinem Opa und mir auch. Ich weiß noch gut, wie der Kaufvertrag gemacht wurde. Der Händler nannte den Preis, den er haben wollte, und hielt dabei seine Hand gleich in Bauchhöhe mit der Handfläche nach oben offen zum Einschlagen. Aber am Anfang des Handels war der Preis meinem Opa noch zu hoch, und wir zogen weiter und taten so, als wollten wir noch etwas Anderes ansehen. Dann kam er aber hinterher und ging mit dem geforderten Betrag immer weiter nach unten, bis mein Opa in die immer noch ausgestreckte offene Hand eingeschlagen hat. Damit war der Kauf getan und die Kuh gehörte uns. Heute würde man sagen, "der Kaufvertrag war rechtsverbindlich abgeschlossen und die Gefahr ging damit auf den Käufer über".

Nun standen wir da, wir zwei und die neue Kuh mit dem schönen glatten rötlichbraunen Fell, mitten in Kirchberg auf dem Marktplatz zwischen der Apotheke und dem Rathaus, beide mit eindrucksvollem Fachwerkgebälk.

Wir hatten keine Rückfahrkarte in der Tasche. Mit dieser neuen tierischen Gesellschaft hätten wir auch gar nicht mit der Bahn heimfahren können. Wir mussten die 11 km nach Büchenbeuren also zu Fuß gehen, der Opa, ich und die Kuh auch. Zum Essen und Trinken hatten wir zwei uns von zu

Hause etwas mitgenommen, und Opa hatte auch noch einen Stumpen im Mund, auf dem er herumkaute, und den er an diesem Tag immer wieder neu mit einem Streichholz anzündete. Das war für ihn so eine Ablenkung, eigentlich war er gar nicht so ein strammer Raucher, wie es zu dieser Zeit die anderen Männer gewesen sind.

Der kürzeste Weg nach Büchenbeuren führte damals, wie heute auch, durch die Stadt, hinunter nach Kostenz, von dort an Niedersohren vorbei, durch Sohren hindurch und dann nach Büchenbeuren. Damals entsprach dieser Weg dem Verlauf der Bundesstraße 50. Opa sagte, "ich führe vorne die Kuh an ihrem Halfter und du gehst mit deinem Stock hinten und passt auf, dass sie nicht stehen bleibt". So bahnten wir uns dann einen Weg durch die enge Straße, wo noch immer die Marktstände mit allerlei Geschirr aufgeschlagen und die Händel im Gange waren.

Zuerst wollten wir die Serpentinen hinunter nach Kostens hinter uns bringen und dann eine Pause einlegen. Dort aßen wir dann unsere mitgebrachten Brote und die Kuh konnte auch ein wenig Gras fressen und das Wasser aus dem klaren Bach saufen. Als sie damit fertig war, legte sie sich einfach hin. Was sie sich dabei dachte, weis ich bis heute nicht. Es war ja nicht mehr Sommer, und die Sonne ging schon beizeiten unter. Also konnten wir zwei uns nicht nach der Kuh richten, sie musste schon unserem Zeitplan folgen. Opa zog nun vorne an dem kleinen Strick und ich stichelte von hinten mit meinem Stock an der Kuh herum, bis sie sich endlich zum langsamen Aufstehen bequemte. Vielleicht dachte sie, sie sei an diesem Tag schon genug gelaufen.

Zu dieser Zeit fuhren auf der B50 noch nicht so viele Autos wie heute. Doch wir drei waren auf der Bundesstraße auch damals schon eine ziemlich ungewöhnliche Reisegesellschaft. Bis jetzt waren wir ja immer bergab gegangen. Die Kuh machte einen guten Eindruck, weswegen wir sie ja auch gekauft hatten. Wie sich auf dem weiteren Nachhauseweg herausstellte, war sie das Gehen gar nicht so gewöhnt, wie unsere Kühe zu Hause, dafür aber hatte sie ein großes Euter, das eine ordentliche Menge Milch versprach. Auf dem Weg durch den Wald entgegen der Sonne blieb sie hin und wieder stehen, und wir zwei waren froh, wenn sie von alleine wieder weiter ging. Manchmal hat sie große Fladen abgesetzt oder gehörig gepinkelt, doch das durfte sie auch, und es war ja auch kein Fehler.

Vor Sohren ging der Weg erst einmal wieder ein wenig bergab, und mit dem Marsch durch das Dorf genossen nicht nur wir, sondern auch die Kuh, eine kleine Abwechslung. Jetzt folgte das lange und gerade Stück des Heimweges, vorbei an den Möbelwerken der Firma Felke, der Gärtnerei Bohn und dem Büchenbeurener Sportplatz, was allen ziemliche Anstrengungen abforderte, nicht nur der Kuh, sondern gleichermaßen auch meinem Opa mit dem abgebrannten Stumpen im Mund und mir auch.

Als wir dann endlich die Dietrichshöhe erreichten, wurde es schon bald dunkel, doch danach führte die Straße nur noch bergab bis nach Hause auf den Hof, wo die Frauen sich schon eine Weile um uns gesorgt hatten.

Die Kuh lebte sich gut bei uns ein, was sich durch die viele Milch mit einem hohen Fettgehalt zeigte, die sie uns an jedem Tag spendierte

Jauche ausfahren mit dem Kuhgespann vor der Molkerei

Der Kirchgang zu Büchenbeuren

Samstags wurde gebadet, zuerst die Kinder, dann waren die Eltern an der Reihe. Dazu brauchte man nicht unbedingt ein Badezimmer, auch eine Zinkwanne in der Küche, gefüllt mit heißem Wasser aus dem Schiff des Küchenherds und ein ordentliches Stück Kernseife erfüllten das Reinlichkeitsbedürfnis am Tag vor dem Kirchgang recht ordentlich. In den mittleren 50er Jahren des vergangenen Jahrhunderts konnte samstags auch der bescheidene Komfort der öffentlichen Duschen im Keller der Volksschule im Oberdorf genutzt werden. Dieser neuen Mode aber folgten nur die jüngeren Leute, die älteren begnügten sich mit einer oberflächlichen Waschlappenmassage ihrer mühelos erreichbaren Körperteile.

Wie auch immer die Körperreinigung in der Großfamilie mit mehreren Generationen unter einem Dach und ohne Badezimmer verlaufen war, begann der Sonntag rundum gereinigt, und er war würdig genug für die frische, von der Sonne weißgebleichte Unterwäsche, die seit dem letzten Waschgang im großen Kessel auf dem Küchenherd sauber gebügelt im Kleiderschrank ruhte. Natürlich zog man sich am Sonntag auch "sonntags" an, und dafür gab es für die Kinder, die Eltern, Tanten, Onkel, Omas und Opas eine den Feiertagen vorbehaltene Kleiderordnung. Die Buben mussten auf ihre geliebten kurzen und derben Lederhosen mit Hosenträger verzichten und die Mädchen hatten einteilige Kleider oder Röcke mit Blusen anzuziehen. Hosen gehörten keinesfalls zu der weiblichen Sonntagsausstattung, diese waren allenfalls bei der Feldarbeit geduldet.

Vater band um den weißen, gestärkten Hemdkragen zunächst sorgfältig seine Krawatte und legte dann mit Bedacht seinen Sonntagsanzug darüber, während Mutter nach der Versorgung von Haus und Hof ihre allgegenwärtige Kittelschürze ablegte und in ihr Sonntagskleid oder das zweiteilige Kostüm schlüpfte. Beide stammten aus der eigenen Werkstatt, wobei die verwendeten Stoffe zuvor meistens schon anderen Zwecken dienlich gewesen waren. Opa trug über dem kragenlosen, langarmigen, weißen Leinenhemd und dem mit Hoffmans Stärke gesteiften Einsteckkragen mit dem darunter gebundenen Brustlatz stets eine dunkle ärmellose Stoffweste, deren Rückenteil aus grauem dünnem Futtertuch bestand. Im oberen Knopfloch der Frontseite war ein grobgliedriges versilbertes Kettchen verankert, das mit lässigem Schwung zur linken Westentasche wies, in der die ebenfalls versilberte Karabinerkugel aus dem Ersten Weltkrieg, mit einem runden Häubchen kunstvoll an das Kettchen angelötet, ihren repräsentativen Platz hatte. Mit diesem Projektil hatte einst ein tapferer belgischer Verteidiger meinen angreifenden Opa in böser Absicht, und dabei seinen frühen Tod billigend in Kauf nehmend, an der Schulter sehr schmerzhaft gespickt. Das stahlummantelte Blei brachte ihm damals drei Wochen Heimaturlaub ein.

Der gedeckte Gehrock und das von breiten und elastischen Hosenträgern gehaltene Beinkleid darunter waren fast so schwarz wie der steife Zylinder, mit dem Opa in seinen hohen Jahren gerne seinen spärlichen Haarwuchs bedeckte. Omas, Tanten und andere Frauen in der zweiten Lebenshälfte scheuten bei ihren Gewändern ebenso die hellen und freundlichen Farben, und in Zeiten persönlicher Trauer verbargen sie sich für mindestens ein Jahr gerne sogar züchtig hinter einer tiefschwarzen Fassade.

Äußerlich so vorbereitet, erwartete man am Sonntagmorgen oder am frühen Nachmittag eine halbe Stunde vor der angesetzten Zeit den ersten zaghaften Ruf der kleinen Glocke vom Kirchturm über den eigenen Ort und die umliegenden Gemeinden. Für die Gläubigen aus den zugehörigen Nachbardörfern Niederweiler, Wahlenau und Lautzenhausen war es das Zeichen, sich schon jetzt auf den Fußmarsch zu begeben oder auf die Fahrräder zu schwingen. Die zweite Aufforderung folgte nach einer Viertelstunde mit der zusätzlich vernehmbaren sonoren Stimme der mittleren Glocke, und galt den weit im Unterdorf ansässigen Kirchgängern als Aufbruchssignal.

Die so Gerufenen machten sich also auf ihre Wege zur weiß getünchten Kirche im Oberdorf, die dem Backes schräg gegenüber auf einer natürlichen Anhöhe schon weit über 100 Jahre ihren Platz hat. Zweiwöchig, alle 14 Tage also, war der geläufige und von "den Leuten" akzeptierte Rhythmus zum Besuch der ev. Gemeindekirche am freien Platz zwischen Beetsaal und Friedhof. Diese Taktung galt als ausreichend, doch bei besonderen Familienfesten sah sich der Bürger höheren Erwartungen der sich gegenseitig kontrollierenden dörflichen Gemeinschaft ausgesetzt.

Eine katholische Kirche gab es nicht, weil im Dorf nur eine Handvoll Katholiken wohnte.

Neu vermählte Paare, Eltern frisch getaufter oder konfirmierter Kinder und die nahen Hinterbliebenen eines kürzlich verstorbenen Gemeindemitglieds zählten ebenso zu den Pflichtgängern, wie die am letzten Palmsonntag konfirmierten Kinder selbst. Diese Jugendlichen hatten an Sonn- und Feiertagen natürlich ihre Konfirmationsbekleidung aufzutragen, auch wenn die Sonne im Sommer steil und heiß auf das Dorf, seine Bewohner, die Dorfkirche und ihre Besucher brannte.

Der Abschluss der achtklassigen Volksschule mit anschließender Konfirmation setzten einen Punkt, wonach die Kinder nicht mehr Kinder waren, sondern sich plötzlich in den Stand eines kleinen Erwachsenen erhoben sahen, ausgestattet mit neuen Pflichten und auch mit bemerkenswerten Freiräumen. Doch für die Jahre vor dieser Freisprechung sah die allgemeine kirchliche Ordnung den zweijährigen Konfirmandenunterricht mit wöchentlich zwei Unterrichtsstunden im Beetsaal vor. Außerdem hatten der Herr Pfarrer und die Frau Pfarrer den Kindergottesdienst für die kleinen und die Christenlehre für die größeren Kinder zusätzlich zu Sonntagsdiensten erklärt.

Hier erzog eine im Schneidersitz verharrende Negerfigur aus bemaltem Spritzguss nach eingestecktem Groschen demütig nickend die Dorfkinder schon früh zu dankbar angenommenen Opfergaben, was die nachrangige Rolle des stets im Elend lebenden Afrikaners schon früh in die Seelchen der kleinen Büchenbeurener Christen eingrub.

Mit dem zweiten Glockenläuten zogen Männer, Frauen, Buben und Mädchen von der Bäckers Höhe und aus dem Wiesengrund mit ihren Gesangbüchern an unserem Küchenfenster an der Hauptstraße vorüber, hinter dem Mutter dann auf Gesellschaft wartete, wenn Vater sie aus irgendeinem Grund nicht begleiten konnte oder wollte. Ehepaare schritten sittsam eingehakt daher, und einzelne Weiber suchten Kontakt mit ihresgleichen, um den Weg mit einem Schwätzchen geselliger zu gestalten.

Bewusst berichtet dieser Rückblick auf die 50er Jahre von Männern und von Frauen. Schon die Reihenfolge der Aufzählung ist signifikant, weist sie doch dem männlichen Teil der Gesellschaft den natürlichen Vorrang zu. Als Damen und Herren haben sich unsere Vorfahren selber nicht empfunden, das waren nur "die aus der Stadt".

Die Besucher aus dem Unterdorf, also östlich des die Dorfmitte markierenden Backes, benutzten die ausgetretenen Stufen der steilen Steintreppe, die zwischen den trist mit dunklem Schiefer beschlagenen fensterlosen hohen Giebelwänden des Pfarrhauses und der alten Schule hindurchführte, als Weg zum Seiteneingang unseres Gotteshauses. Die Leute aus dem Oberdorf und dem Inkerweg gelangten durch das westliche Portal auf der Stirnseite des Turms hinein.

Das über diesem Haupteingang im Jahr 1926 von Heinrich Verhoff nach einer Bildvorlage von Karl Friedrich Ströher aus Irmenach geschaffene Ehrenmal mit den beiden steinernen Gedenktafeln an den Seiten mahnt die Dorfgemeinschaft an die Schrecken des, und nach der Wiederholung der militärischen Auseinandersetzung mit den Nachbarvölkern von 1939 - 1945 an die Schrecken beider Kriege.

Noch immer von der Begriffswelt der Vergangenheit geprägt, machten auch wir Schüler unter der ideologischen wie auch musischen Leitung unseres Lehrers alljährlich den Volkstrauertag zum Heldengedenktag und würdigten als festes Begleitprogramm zu den wenig demütigen Reden der Erwachsenen mit unseren heroischen Gedichten die deutschen Helden der beiden Weltkriege.

Der spät zu Ehren gekommene Künstler aus Irmenach ist übrigens noch einmal mit dem großformatigen Bild des Sähmanns in dem Raum meiner ehemaligen Schulklasse 1-4 in unserem Dorf vertreten.

Die alte Ordnung des Kircheneinzugs besteht noch immer, hinter dem Haupteingang und vor der Zwischentür zur Kirchenhalle steigt rechts die zweiteilige Treppe hoch zur geräumigen Empore, oder, wie die Leute sagen, zur Botkirche.

Begreift man den ganzen Innenraum als Kirchenschiff, so wäre diese Ebene das zweite Deck zu nennen. Beidseitig des nach vorne geneigten Mittelgangs bestimmen auch hier die gleichen braunen, harten und klobigen Holzbänke mit den steilen Rückenlehnen wie im Hauptdeck darunter die Szene. Für den gelegentlich gastierenden Gesangverein oder den Kirchenchor war und ist es ein guter Platz.

Eine lange tradierte Ordnung forderte gleich nach dem Betreten des sakralen Raums von den kleinen und großen Buben die Entblößung ihrer Häupter und bei Paaren danach noch eine unaufgeforderte Loslösung des Weibes vom Manne, wonach er zur Rechten und sie zur Linken einen eigenen Platz in den Bankreihen einzunehmen hatte. Die christliche Seefahrt erkennt von jeher die rechte Seite als die feine und vornehme Hälfte eines Schiffes an. Die Einweisung der Frauen in den linken Teil des Kirchenschiffs war eine bis weit hinein in das 20. Jahrhundert geübte Praxis und somit auch in unserem Kulturkreis eine subtile Form der Unterdrückung und Zurücksetzung der Frau hinter den Mann. Das erinnert doch ein wenig an die kulturellen Praktiken, die wir in den letzten Jahren von unseren Gastmigranten gelernt haben.

An Festtagen, insbes. an Heiligabend, galt es, sich besonders rechtzeitig auf den Weg zu begeben, denn auch die im Mittelgang zusätzlich aufgestellten Stühle aus dem Beetsaal konnten die Vollversammlung des Dorfes kaum fassen. Doch zwischen den Jahren taten sich auf den unbequemen Sitzmöbeln schon bald wieder deutliche Lücken auf.

In Zeiten, als zwei große freistehende Öfen mit langen, zu den kahlen Wänden hinüberreichenden schwarzen Rohren, und jeweils umgeben von noch größeren Hitzeschirmen und einem stattlichen Vorrat an Brennholz, das Kirchenschiff im Winter um ein paar Grade aufzuheizen sich redlich mühten, und nach strammer Fütterung mit Buchenholz und grauem Koks gelegentlich rotglühende Bäckchen bekamen, scharten sich die älteren Herrschaften in ihren zwar herausgeputzten, wegen der dunklen Farben aber trist verschatteten Sonntagsgewändern gerne um diese wohltuenden Wärmespender. Auffallende Beliebtheit genossen auf beiden Seiten des Mittelgangs die Plätze hinter den Öfen, boten diese doch neben anheimelnder Wärme im Winter auch ganzjährig einen willkommenen Sichtschutz zur Kanzel und vor allem auch umgekehrt. So verschaffte sich nach arbeitsreicher Woche auf dem Hof, den Äckern und den Wiesen am Sonntagmorgen so manche abgearbeitete Oma und so mancher ausgezehrte Opa für eine Predigtlänge ein Stückchen Privatsphäre, eine ganz persönliche Auszeit, in der auch schon mal ein Auge zufallen und ein erholsames Nickerchen so lange unbemerkt bleiben konnte, wie eigene akustische Signale dieses nicht verrieten. Die dritte Aufforderung zum Kirchgang erging mit der geballten Kraft des vollen Dreiklangs aller verfügbaren Glocken.

Dafür hatten sich die zum Läuten eingeteilten Konfirmanden im Kirchturm ordentlich in die Seile zu legen. Die große Glocke wollte für die Freigabe ihrer dumpf pochenden Stimme von vier starken Armen gezogen werden. Die mittlere begnügte sich mit einem kräftigen, aber geschickten Jungmann, nur die kleine gehorchte auch dem Anfänger.

Der schwere Frondienst der halbwüchsigen Buben im Turm riefe in unsren Tagen eine mit derben Arbeitshandschuhen und schützenden Helmen gerüstete Mannschaft auf den Plan. Nicht selten klammerten sich die jungen Glöckner beim Abbremsen der großen Glocke so fest an das Zugseil, dass es sie beide mit der Kraft des schwingenden Klangkörpers unverhofft nach oben riss, und mit den Köpfen am nächsten Balken schmerzhaft anstoßen ließ.

Dennoch war der Turmdienst bei uns Buben stets beliebt, durfte man doch während der Veranstaltung auf der Botkirche sitzen und von oben auf die versammelte Gemeinde und sogar auf den Herrn Pfarrer auf seiner Kanzel hinunterblicken. Die großzügige Sitzgenehmigung im 1. Rang war auch begründet mit der erneuten Arbeitsaufnahme zur Produktion der akustischen Begleitmusik an die Daheimgebliebenen für das von dem Herrn Pfarrer abschließend gesprochene Vaterunser. Letztendlich galt es, nach den Ankündigungen der anstehenden Termine und den Abkündigungen der kürzlich Verstorbenen an die noch versammelten Gemeindemitglieder am Ende der Sitzung noch das Ausläuten mit dem vollen Glockenorchester zu besorgen.

Zwei weitere Arbeitsdienstler aus dem Kreis der männlichen Konfirmanden hatten sich rechtzeitig vor Beginn des Gottesdienstes in der kleinen ebenerdigen Kammer mit dem arabischen Fensterchen unter dem Cockpit der Orgel hinter dem Altar einzufinden. Zur ständigen Versorgung des großen Pfeifeninstruments über ihren Köpfen mit Druckluft als nötigem Treibstoff mussten sie die Pedale des Blasebalgs in Bewegung halten. Das Einsatzzeichen kam durch ein beherztes Stampfen mit dem Fuß von der darüber angeordneten Orgelbank am Spieltisch des Instruments, wo die Schwester Änne und andere Könner ihre musikalischen Dienste nach bestem Vermögen ableisteten.

Mit den letzten Glockenschlägen betrat schließlich der Herr Pfarrer in seinem schwarzen Talar mit weißem zweigeteilten Bändchen unterm erhobenen Kinn barhäuptig und würdevoll wie ein Kapitän das Kirchenschiff und schritt, die Bibel fest in den fromm vereinigten Händen haltend, unter den einsetzenden Klängen der zuverlässig belüfteten Orgel gemessen über den roten Sisalteppich, vorbei an den Reihen der ehrfürchtig erhobenen Gemeinde, ohne Umschweife vor den Altar.

An der kalten Nordwand zur Linken hockte auf den massiven, quer stehenden braunen Presbyterbänken stets das steife Grüppchen des altmännlichen Kirchenvorstands. Ebensolche Sitzmöbel nahmen an der Südwand des Chors bei besonderen Anlässen gelegentlich Mitgestalter der geistlichen Sitzungen auf, etwa den örtlichen Männergesangverein, den eigenen Frauenchor, einen zeitweise im Ort existenten Posaunenchor, einen auswärtigen Musikverein oder die Akteure eines Laienspiels. Indessen schloss die Frau Pfarrer, die nebenbei auch Hausmeister- und Küsterdienste verrichtete, beide Eingänge und die Nachzügler mussten draußen bleiben.

Schon bei seinem feierlichen Einzug hatte der aufmerksame Herr Pfarrer seine Schäfchen in den linken und rechten Bankreihen prüfender Blicke unterzogen und mögliche Mängel in der Sitzordnung registriert. Bei schwerwiegenden Positionierungsfehlern der ihm anvertrauten Konfirmanden scheute er sich nicht, später von der erhöhten Kanzel herab korrigierend einzugreifen und die Falschsitzer durch namentliche Aufrufe in die vorderen Bänke zu zitieren.

Die Abhängigkeit von den Launen der Natur zwang die Landleute von jeher zu kreativen Interpretationen des 3. Gebots. Vor allem ergab sich das in regenreichen Sommern, wenn der Himmel den Menschen nur wenige Gutwetterstunden für die Heu- und Getreideernte bescherte. Dann war gelegentlich Sonntagsarbeit angesagt! Sich selber mit praktischen Argumenten rechtfertigend, verteidigte die halbfromme Landbevölkerung die sonntägliche Einbringung der von Ihm gegebenen Feldfrüchte ganz selbstbewusst und erhob ihre Handlungen auf den Wiesen und Feldern in den gleichen hohen Rang, wie die von dem Herrn Pfarrer im Kirchenhaus praktizierten Lobpreisungen des Allmächtigen. Doch die vom Glockengeläut eingerahmte Gottesdienststunde selbst fand bei den biederen Landleuten stets respektvolle Beachtung.

Die immer gleich zelebrierte Liturgie unter dem Kirchendach strahlte wenig Elan für eine wünschenswert fröhliche und bunte Lebendigkeit der regelmäßigen Gottesdienste aus. Auf mich wirkte sie steif, bedrückend und auch abgegriffen. Eintönige Lieder, die auf stummes Geheiß der hölzernen Täfelchen an den kahlen Wänden oft vielstrophig abzusingen waren, hallten mit einer einsam spielende Orgel als Taktgeber verloren durch den hohen Raum. Nicht auswendig gelerntes Liedgut blieb in den verzagten Kehlen stecken und die Töne erreichte nicht einmal das Ohr des Nachbarn. Im Gegensatz dazu fanden bekannte Texte mit gelegentlich auch gefälligen oder gar schmissigen Melodien in der Gemeinde aber auch ihre stimmfesten Vokalisten.

War dann auch noch von uns Konfirmanden als Strafe für anstößige Unarten oder gar begangene Untaten bis zum nächsten Pfarrunterricht im Beetsaal die aktuelle Predigt inhaltlich schriftlich wiederzugeben, erforderte das nötige Hinhören unter der Kanzel ein Höchstmaß an Konzentration, denn der näselnde Vortragsstil des Herrn Pfarrers über unseren Köpfen, der damals noch ohne Mikrofon und Lautsprecher auskommen musste, leistete dem versunkenen Innehalten der Altvorderen hinter den beiden Öfen eher einlullenden Vorschub, als dass er geeignet war, uns

Prediktstudenten bei der Faktenaufnahme und vorbereitenden Recherchearbeit zur Erfüllung der auferlegten Pflichten zu motiviertem Zuhören anzuhalten.

Das Vaterunserglöckchen gegen Ende der Versammlung gewann so für die Konfirmanden in der ersten Reihe eine erlösende, und für die hinter den Öfen Ruhenden eine aufrüttelnde Nebenfunktion. Auch die würdigen Herren Presbyter auf ihren Querbänken links neben dem Altar hatten das Glöcklein gehört. Einer von ihnen bemühte sich vor dem finalen Ausläuten zu dem westlichen und ein anderer zu dem südlichen Kirchenportal, um dort mit geneigten Köpfen von den ausziehenden Besuchern die geräuschvoll scheppernde Kollekte, deren selbstloser Verwendungszweck zuvor von dem Herrn Pfarrer von der Kanzel herab verkündet worden war, in die vorgehaltenen Bronzeteller einzusammeln.

An gewöhnlichen Sonntagen beschränkte sich der Sonntagsgroschen aus den abgearbeiteten Händen der mäßig begüterten Landbevölkerung buchstäblich auf diese grünliche Münzeinheit oder auf deren zwei. Kleine Silberlinge oder gar Markstücke waren seltene Gaben eines nur temporär ausgeprägten Opfergeistes, und könnten zudem die einsammelnden Kirchenmänner auf ein bedrängtes Gewissen des jeweiligen Spenders schließen lassen. Akustisch unauffälligere Spenden von werthaltigem Papier aus den Brieftaschen der linken Innentaschen der Sonntagsanzüge der Herren sanken nur an höheren Feiertagen wie zu Weihnachten, zu Ostern oder bei festlichen Anlässen der Familien, mit neutralem Minenspiel, den Trennungsschmerz um die Opfergaben weltläufig verbergend, diskret in die vorgehaltenen Opferschalen.

Die Henne Mama

Dieser Rückblick auf die Kindheit soll der "Henne Mama" gewidmet sein, die sie in meiner Erinnerung für die Menschen unseres Heimatdorfs Büchenbeuren immer gewesen ist. Doch für uns Enkel war sie natürlich die "Henne Oma"! Das Wort "Henne" ist ein Hausname, dessen Ursprung ohne Erklärung bleiben muss, und nichts zu tun hat mit der Henne aus dem Hühnerstall, einer Frau des Hahns, die auf dem Hunsrück überall nur "Hinkel" heißt.

Die bescheidene Persönlichkeit der Henne Mama mit ihrer stets sanft belegten und anheimelnd weich temperierten Stimme, die niemals hochdeutsch sprach, genoss jedermanns Achtung, was ihr den respektierlichen Titel "Mama" einbrachte. Vielleicht lag es auch an ihrem umfänglichen Wissen um die familiären Bindungen, Verbindungen und sonstigen Lebenswindungen ihrer dörflichen Mitmenschen, die ebenso wie sie selbst, bei meiner Ankunft schon dort lebten.

Die Erinnerung an meine Henne Oma speichert das Bild einer kleinen, rundlichen, stets dunkel gekleideten Frau, nicht Dame, bekleidet mit blauer Kittelschürze und Kopftuch, immer mit Wollstrümpfen an den kurzen Beinen, deren ungewolltes Abrollen einfache und selten sichtbare Gummiringe verhinderten. Die kleinen Füße steckten an Werktagen in derben, vom Wiesenschuster in Handarbeit gearbeiteten, und mit glänzenden Schuhnägeln besohlten hohen Lederschuhen. Omas Konfektionsmaße liegen mir wegen ihrer Einfachheit noch immer mit 110, 110, 110 im Gedächtnis. Von Kopf bis Fuß eine ausgewogene Erscheinung also! Ihre langen, glatten Haare waren immer schon grau, dünn und streng um die anmutige Rundung des Kopfes, dabei die Ohren strähnig umlaufend, nach hinten geführt, wo wenige zweispitzige Nadeln das zusammengeringelte Bällchen, das wir Kinder "den Knutschel" nannten, vor dem Zerfall bewahrten. Oma strahlte stets eine friedfertige

Wärme und Güte aus. Ihre körperlichen Rundungen standen in gutem Einklang mit ihren charakterlichen und menschlichen Tugenden, es gab keine Ecken zum Anstoßen. Für die Dorfbewohner war sie stets eine mütterliche Institution.

Die Henne Mama verbrachte alle, von unserem lieben Herrgott ihr zugeteilten Jahre in ihrem Geburtsort. Aus der Schulzeit unter dem Lehrer Schneider bewahrte sie eine stattliche Anzahl von Gedichten in ihrem Gedächtnis, die sie gelegentlich ganz ohne Fehler zum Besten gab. Auch so mancher Psalm und so manches Kirchenlied aus dem Konfirmandenunterricht gehörte zu ihrem stets abrufbaren Repertoire. Henne Mama war bodenständig, ihre weitesten Reisen führten nach Simmern, Bad Kreuznach und Langenlonsheim, wo ein Bruder Lehrer gewesen ist, und einmal auch an den Rhein bis nach Düsseldorf.

In ihrem 19. Jahr zeichnete sich unter ihrer Kittelschürze die Entwicklung neuen Lebens ab. Das erzeugte einen gewissen Zeitdruck für die Hochzeit mit meinem Opa. Dem ersten Kind folgten vier weitere, von denen eines leider früh verstarb. In dieser Zeit musste Opa, der, einer gewissen Logik folgend, auch als "Henne Baba" im Dorf bekannt war, auf Kaiserlichen Befehl ins Feld einrücken. Der Erste Weltkrieg hatte begonnen.

Oma besaß nie eigenes Geld, kein Bankkonto, keine Armbanduhr, und außer dem goldenen Ehering und einer glitzernden Brosche aus "Obersteiner Gold", die an Festtagen neben dem linken Kragenzipfel ihr Sonntagskleid zierte, keinerlei Schmuck. Doch sie führte in der Geborgenheit der Familie und der Dorfgemeinschaft in demütiger Erfüllung der ihr vom Schicksal zugewiesenen Aufgaben ein glückliches Leben.

In ihrer Zeit prägten viele kleine Bauernhöfe unser Dorf, wo Kühe, ein paar Schweine und auch Hühner zu Hause gewesen sind. Einige Familien galten als Landwirte mit Nebenerwerb, die als Schuster, Schneider, Sattler, Schreiner,

Schmied oder Klempner in ihren Werkstätten dem bescheidenen öffentlichen Bedarf dienten. Doch der Schwerpunkt der täglichen Arbeiten lag auch bei ihnen bei der Ackerei, die oft auch Plackerei gewesen ist. Ein Blick in die Familienurkunden unserer Vorfahren weist den beruflichen Stand der meisten Altvorderen als Ackerer aus.

Die landwirtschaftlichen Betriebsflächen überstiegen auch bei den größeren Höfen selten 15 ha, was uns nach heutigen Maßstäben lächerlich erscheint. Der Tagesablauf der Bevölkerung bestimmte sich ganz wesentlich durch die regelmäßige Fütterung des Viehs in den Ställen, und die Pflanz- und Erntezeiten gaben Mensch und Tier den Jahrestakt vor. Die nie enden wollende Arbeit in Haus und Stall, auf dem Hof, den Wiesen und Äckern, beanspruchte jedwede Hand und Arbeitskraft, vom Kind bis zum Greis.

Das zehrte die Menschen auf. Doch es blieb auch Zeit für soziale Kontakte innerhalb der Familien mit meist mehreren Generationen unter einem Dach, mit der Nachbarschaft und sogar mit der gesamten Dorfschaft. Abends, nach dem Füttern der Stalltiere und dem abgeschlossenen Melkvorgang, den die Henne Mama sehr routiniert und mit eingeknickten Daumen in beiden zupackenden Fäusten wie kaum eine andere beherrschte, trafen sich zuerst die Männer auf der Majebank, die unter dem Wetterdach an der Hausecke ihren angestammten Platz hatte. Darüber prangte bescheiden das weiße Emailleschild mit der schwarzen Schrift:

Rudolf Leonhard
Schneidermeister

Nach dem Melken und Abseihen der Milch in die 15 Liter fassenden Aluminiumkannen der Molkereigenossenschaft gesellten sich auch die Frauen dazu. Es gab genügend Themen für die "Verzielscher" wie auch für bedeutende Gespräche um die Themen der täglichen Notwendigkeiten im

Rhythmus der Jahreszeiten: Im Frühjahr die Aussaat in Gärten und Äckern, sowie die Düngung der Felder und Wiesen, im Sommer und Herbst die Ernte von Heu, Getreide, Krummet, Kartoffeln und Rüben, im Winter das Holzmachen im Wald, und ganzjährig immer wieder die Umsorgung des lieben Viehs in den Ställen, der hin und wieder notwendig gewordene teure Tierarzt, der in einer Notlage die Kuh mit dem aufgedunsenen Pansen, um Luft abzulassen, schon mal stechen musste.

Bei solchen Gelegenheiten unterzog meine Henne Oma so ganz nebenbei schon mal meine mit der Erde des Ackers beschmutzten und mit Stallgeruch behafteten Schuhe einer visuellen Kontrolle. Erschienen ihr diese nicht in einem für den folgenden Schultag akzeptablen Zustand, so zog sie schweigend ihr großes, grünkariertes Taschentuch aus der Kittelschürze, benetzte es mit einer für den geplanten Reinigungsgang angemessenen Menge Spucke, und beseitigte in gebäugter Körperhaltung schweigend den entdeckten Mangel.

Auch kaufmännisches Interesse zeigte sich in Diskussionen um die aktuellen Fleischpreise, die der Dorfmetzger oder Viehhändler für das Schlachtvieh boten. Der Preis bezog sich noch auf ein Pfund, also auf ein halbes Kilogramm lebendigen Fleisches. An Werktagen verlas der Südwestfunk die aktuellen Schlachtpreise aus der Region, wie auch die Wasserstandsmeldungen von Rhein und Mosel. Letzteres beeindruckte uns Hunsrücker aber nur dann, wenn diese Flüsse über ihre natürlichen Begrenzungen zu treten drohten, oder dieses schon getan hatten. Technische Themen drängten mit der Zeit in die Gespräche, etwa über den neuen Bulldog und die Teilhabe am gemeinschaftlich angeschafften Bindemäher. Stets waren es Geschichten aus dem eigenen Wirkungskreis. Ja, und dann kamen die Amis. Planung und Bau des Flugplatzes Hahn in den frühen 50er Jahren brachten Aufregung und Umbruch nicht nur in unser Dorf.

Bei den für uns Kinder spannenden Geschichten waren die Männer ihren Frauen oft deshalb überlegen, weil sie bei den Berichten auf ihre Kriegserlebnisse zurückgreifen konnten, die Opas auf die von 1914 - 1918 und ihre Söhne und Schwiegersöhne auf die der zweiten unseligen europäischen Auseinandersetzung von 1939 - 1945.

Nicht alle Väter und Onkel saßen mehr am Tisch, und manche liebe Oma, Mutter und Tante dachte bei diesen Anlässen als Kriegerwitwe still an das eigene schnell verflossene Familienglück. Wir Kinder hörten den manchmal künstlich angereicherten Erzählungen der Männer mit offenen Mündern schweigsam zu, und zählten die Protagonisten der aufgeschnappten Abenteuer zu den Heroen, zu deren Ehren wir Schüler am Volkstrauertag, der damals noch Heldengedenktag hieß, unter der Regie unseres Lehrers vor versammelter Gemeinde am Kriegerdenkmal unter dem Kirchenportal mühsam erlernte Gedichte vorzutragen und völkische Lieder abzusingen hatten.

Die Sonn- und Feiertage galten traditionell, und der Weisung des Herrn Pfarrers folgend, in der Gemeinde als Ruhetage, die nach dem Kirchgang nachmittags auch Zeit und Gelegenheit für gegenseitige Besuche boten. Man ging "maje"! Diese bescheidene Abwechslung lockerte den eintönigen Tagesablauf auf angenehme Weise auf und war besonders bei den Frauen beliebt. Doch an Samstagen "maje" zu gehen, stand schon immer in einem schiefen Licht; ein böser Spruch kursierte: "Samstas gehn die Bettseicher maje!"

Henne Mama erlebte auch noch eine Zeit, in der es kein fließendes Wasser und keinen elektrischen Strom in den Häusern gegeben hat, kein WC und kein Badezimmer der Bequemlichkeit diente und die Hygiene förderte, kein TV für Unterhaltung sorgte und nirgendwo ein Radio plärrte oder ein Telefon klingelte. Doch die Elektrifizierung brachte schließlich auch bei uns den Volksempfänger ins Haus, der seinen Platz auf dem Wandbrett über dem Sofa zugewiesen bekam, und der nur vom Hausherrn bedient werden durfte. Nach dem verlorenen Krieg, dem schnell fortschreitenden Verfall des Geldes und den im Rheinland aufkommenden separatistischen Bestrebungen der 20-er Jahre brachte dieses Hörgerät nach draußen die Nachrichten der Welt auch in die Wohnstuben des Hunsrücks. Bald aber dröhnten nationalistische Gedanken durch den Äther. Dem ersten Heil-Geschrei folgte schnell schlimmes Unheil, das auch Büchenbeuren nicht verschonte. In den letzten Monaten des Zweiten Weltkrieges fielen sieben Brandbomben ins Dorf, doch es soll bei Sachschäden geblieben sein.

Nach der überstandenen Katastrophe drangen auch wieder gute Nachrichten aus dem Kasten mit dem großen, runden Lautsprecher, etwa die frohe Kunde aus Bern über die gewonnene Fußball-WM unter dem Trainer Sepp Herberger und dem Mannschaftskapitän Fritz Walter im Jahr 1954. Doch das interessierte die Henne Mama wenig.

Bei den kleinbäuerlichen Betrieben gab es noch keine Traktoren und leistungsfähige Erntemaschinen zur Unterstützung der mühsamen landwirtschaftlichen Arbeiten auf den schweren Böden. In den Kuhställen tuckerten keine Melkapparate, und das Straßenbild war nicht von Autos bestimmt. Auch hat man im Haus nicht alle Zimmer geheizt. Nur die Küche bot auch im Winter stets eine wohlige Wärme, weil darin der Herd stand, der das Kochen und Backen ermöglichte. Im kalten Schlafzimmer spendeten die mit "Kääp" gefüllten Matratzen im frisch bereiteten Zustand unter den wolkigen Federbetten ein prickelndes Schlaferlebnis.

Auf den Höfen lebten wirklich freilaufende Hühner. Sie konnten, wenn sie das morgendliche "Fisedere", also die Leibesvisitation auf ein evtl. noch nicht gelegtes Ei, mit negativem Befund überstanden hatten, frei herumlaufen, und ihrem natürlichen Pickverhalten nach Hühnerherzenslust nachgehen. Die anderen mussten so lange im "Särel" ausharren, bis die zuvor ertasteten Produkte im Nest lagen.

Doch zunehmendes Kfz-Aufkommen forderte erste Tribute auf der Straße. Der Henne Mama oblag die Aufzucht des häuslichen Federviehs, ja selbst deren Ende und die Nutzung nahezu all ihrer Körperteile durch sichere Handhabung bei der Schlachtung und bei der Verwertung in Kochtopf und Kopfkissen. Auch die Schweine und Ferkel in den Ställen zählten zu ihren Schutzbefohlenen. Doch einmal zeigte sich die Muttersau bei der Fütterung sehr undankbar und biss meine Oma völlig grundlos in die rechte Hand, was einen mehrtägigen Aufenthalt im Haus Sonne des Simmerner Kreiskrankenhauses nötig werden ließ.

Bei der üblichen Selbstversorgung der Bevölkerung stammten die Kartoffeln, das Gemüse, Obst und Fleisch natürlich aus eigener Aufzucht und Anbau. Daraus ergaben sich selbst veredelte Produkte wie eingestampftes Sauerkraut und Schnippelbohnen, in Wasserglas eingelegte Eier, geräucherte Wurst, Schinken und Schwartenmagen. In Sandtöpfe vergrabene Möhren sowie kopfüber in der Miete des Hausgartens versenkter Weißkohl, Rotkohl und Wirsing sorgten in den langen Wintermonaten für die Versorung der Familie mit relativ frischem Gemüse. Nicht vergessen will ich den riesigen Birnbaum in der "Betz", hinter dem Haus, der in guten Jahren seine süßen Früchte zentnerweise ins weiche Gras der vom scharrenden Federvieh bevölkerten Wiese warf. Menschen und Haustiere teilten sich diese Gaben des Birnbaums, wobei der Wintervorrat für den Kuchen zuerst in kleine Stücke geschnitten, dann im Backes getrocknet und danach in Leinensäckchen auf dem Speicher oder in der legendären Küchenkammer aufbewahrt wurde. Mit frischem "Kranewasser" zu einer breiigen Masse erweckt, lieferte dieses Trockenobst die köstliche Auflage für den "Beereflare", der seinen Bekanntheitsgrad inzwischen vielleicht leider schon eingebüßt hat.

Hinzu kamen die Kirschen, Mirabellen, Zwetschgen, Äpfel und Birnen von der Streuwiese, die Erdbeeren, die Stachelbeeren, Rote Beete, Stangen- und Buschbohnen aus dem

Garten. Alles fand den Weg in die runden Weckgläser mit den roten Gummiringen, die immer zu fünft im großen Einkochapparat mit dem zentralen Thermometer nach dem Aufkochen auf dem Küchenherd durch Abkühlung und innerer Vakuumbildung ihre konservierenden Kräfte entfalten konnten.

Im Frühjahr und im Herbst füllten die Hausschlachtungen die Regale im Keller und in den Kammern mit Dosen und Gläsern von eingekochten Fleisch- und Wurstwaren. Die Rauchkammer auf dem Dachboden nahm das vorgesehene Räuchergut auf, um es auf spezielle Weise zu konservieren und über den Winter hinaus für die Familie in leckerem Zustand zu bewahren. Die Gläser, Dosen und Flaschen mit dem Saft der Früchte und die kleinen Gebinde mit Gelee und Marmelade mussten hin und wieder kontrolliert werden, denn nicht immer hielt der Gummiring oder das überspannende Zellophanpapier dicht, Luft drang ein, damit auch Schimmelpilze, und der Inhalt verdarb schnell.

All das oblag den Frauen unter Anleitung und ständiger Mithilfe der Oma. In jedem Jahr aufs Neue beherbergte die "Rommelekoul" neben dem Misthaufen an der Straße unter mehreren Lagen von Stroh und Erde seit der letzten Ernte die großen weißen Kohlraben für Menschen und Tiere, und bewahrte diese zusammen mit den gelben Rüben, die wir "Rommele" nannten, und die dem lieben Vieh vorbehalten blieben, vor dem Schicksal des Erfrierens. Hierhin verlagerte die Henne Mama mehrmals wöchentlich ihren Arbeitsplatz. Sie saß auf ihrem niederen hölzernen Melkstühlchen in der am Rand aufgegrabenen Kuhle und befreite mit dem "Kneipsche", einem kleinen, geschwungenen und abgegriffenen Küchenmesser, die für den baldigen Verbrauch benötigten Rüben von Erde, Frost- und Faulstellen. Sie lieferte so die frischen Winterfrüchte, die nach der Zerkleinerung mit der handbetriebenen "Gretzmaschin" und dem Beimischen von "Kääp" dem Großvieh als begehrte Nachspeise dienten.

Wer an der Straße vorbei kam, suchte ein Schwätzchen und uneingestanden auch oft einen Rat von der Mama, denn das ist sie auch für andere Menschen gewesen.

Die beiden Wassermühlen, denen in den fünfziger Jahren die elektrisch betriebene Mahltechnik am "Stierstall" folgte, hielten in angemessenen Abständen jedem Haushalt einen Mahltag bereit, um Roggen und Weizen zu Brot- und Weißmehl zu veredeln, sowie Gerste und Hafer für das Vieh in den Ställen zu verschroten. An Samstagen verwandelten die geschickten Hände der Frauen das Weißmehl zu vielfältigen Kuchensorten und an den öffentlich zugelosten Backtagen das Roggenmehl in eine stattliche Anzahl leckerer runder Bauernbrote.

Eine besondere Aktion des Jahres bestand im Sirupkochen. Das fand so vor dem Winter statt, nach der Zuckerrübenernte, dann, wenn die "Rei dran kam". Die gemauerte Feuerstelle hinter dem Haus mit dem eingehängten Kupferkessel diente vielfältigen Zwecken: Regelmäßig und täglich war sie Kochstelle für die "Seikrombere". Zu Schlachtzeiten garte darin das Fleisch und dann auch die fertigen Würste, wobei die Wurstsuppe mit dem aufwallenden Dampf bald ihren köstlichen Duft weit über den Rand des Kessels in die Nachbarschaft verströmte. Bei der Sirupproduktion aber blieben die Zuckerrüben so lange über dem Feuer, bis sie unter ständigem Umrühren eine zähflüssige braune Masse ergaben, die mit ruhiger Hand an langen Schöpfkellen aus dem Kessel gehoben wurde, und daraus langsam in vorgewärmte Gläser und Eimerchen aus Blech träufelte. Meine Vorliebe zu dieser vortrefflichen Hausmarke hat sich bis heute erhalten!

Nach dem gemeinsamen Abendessen mit Bauernbrot, Wurst, Schinken, Dickmilch und Kässchmer versammelte sich unsere Familie in der Stube, die gleichzeitig auch Opas Schneiderwerkstatt gewesen ist, und nur wegen dieser Doppelfunktion auch täglich beheizt war. Die gemütlichen Möbel des Wohnraums standen den beiden am Fenster platzierten Schneidertischen gegenüber und waren von diesen durch eine mechanische Nähmaschine und einen großen rechteckigen Wandspiegel für die Betrachtung der Anproben räumlich getrennt.

Opa legte Wert darauf, seine hohen ethischen Ansprüche an die allgemeinen Geschäftsbeziehungen mit seinen Kunden zu teilen, was ein auf dem oberen Querholz des wuchtigen Spiegelrahmens bescheiden platziertes Kärtchen besorgen sollte. Dort war in kunstvoll geschwungenen Lettern folgende Aufforderung deutlich zu lesen:

Bleibe fromm und rede wahr.
Handle redlich, zahle bar!

Um den Wohnzimmertisch herum, auf dessen fein bestickte Leinendecke eine 60er Glühbirne aus ihrem umgebenden Lampenschirm aus Draht und gewachstem Stoff von oben einen trüben Lichtkegel warf, nahm auf dem gewölbten Sofa an der Wand und auf den Stühlen mit geflochtenen Sitzflächen der Teil der Familie mit Sinn für Brettspiele gerne die Plätze ein.

Die von vielen Händen abgegriffene Spielesammlung mit Menschärgeredichnicht, Mühle, Dame und Halma war schnell ausgepackt und sorgte vor der bald verordneten Nachtruhe noch für rivalisierende Spannung zwischen Oma und den Enkeln, während Opa im Sessel am Ofen sein zweites Feierabendpfeifchen paffte, das er mit einer Mischung aus Brinkmann's Krüllschnitt und im Garten noch in den Kriegsjahren selbst gezogenem, und auf dem Dachboden an langen Wäscheleinen getrocknetem Tabak, sorgfältig gestopft hatte.

Die Henne Mama bevorzugte Halma, das war ihr Spezialgebiet. Hier verstand sie es, sich auf dem bunten, sternformatigen Spielfeld rechtzeitig, und gegen alle Sabotageversuche ihrer rivalisierenden Mitspieler, eine funktionierende Infrastruktur für den rationellen Umzug ihrer eigenen 15

Männlein aus buntem Holz von dem Basis- in das gegen-
überliegende Zielquartier zu organisieren, und diese dann
auch konsequent mit langen Spielzügen zu nutzen. An so
manchem winterlichen Abend klapperten nebenbei auch
die hölzernen Spinnräder in der Stube, doch diese Erinne-
rungen reichen weit zurück und enden mit dem Aussterben
der Schafhaltung in den Hunsrückdörfern.

Zu Henne Mamas Zeiten zählten die Familien- und Dorf-
feste noch zu den größten Ereignissen des gesellschaftli-
chen Lebens, auf die, soweit sie planbar waren, man lange
zuarbeitete. Zur Kindstaufe, Konfirmation, Verlobung,
Hochzeit, Geburtstag und Trauerfeier ludt man in die aus-
geräumte Wohnstube ein, die mit geliehenen schmalen
Klapptischen und -Bänken aus "Gasse Saal", „Schülers Saal"
oder aus dem "Beetsaal" für die vielen Gäste kurzzeitig zu
möblieren war. Die Frauen der Nachbarschaft übernahmen
traditionell die notwendigen Küchendienste. Zur Beloh-
nung gab es am Tag danach für diese lieben Helferinnen
eine eigene Nachfeier mit Resteverzehr, bei der es schon
mal hoch hergehen konnte. Wer nicht selber für persönliche
unterstützende Dienstleistungen sorgen konnte, steuerte
am Vorabend des Ereignisses als Solidaritätsbeweis frische
Eier und Milch für das Fest des Nachbarn bei. Lange noch
lebte der gute Brauch, an solchen Tagen viele kleine Ku-
chenpäckchen zu packen, und von den Kindern, gemäß ei-
ner wohl vorbereiteten Liste, an die alten Dorfbewohner zu
verteilen. und diese damit an dem Fest indirekt teilhaben
zu lassen. Mit der Entwicklung zu moderneren Lebensfor-
men schien mir stets die Frage offen, ob die so Beschenkten
den bezeugten Respekt vor dem Alter nicht von der diskri-
minierenden Kehrseite dieser Übung überstrahlt sehen
könnten, denn nur zu den "Alten" brachten die Kinder den
Kuchen, und wer diesen bekam, musste als alt gelten.

Zu einem besonderen Familienfest in der guten Stube
konnten auch Henne Oma und Henne Oba im Oktober 1957

einladen: Zur Goldenen Hochzeit! Noch bevor die geladenen Gäste im Oberdorf das Haus füllten, hielt der jüngste Sohn, der aus der DDR alleine, also ohne seine liebe Frau, auf schriftlichen Antrag hin in den Westen reisen durfte, die Festrede. Diese Laudatio hat mich damals mächtig beeindruckt, und ich konnte es kaum glauben, dass einer von uns eine so schöne Ansprache halten konnte. Leider aber war es der Oma nie vergönnt, diesen Sohn in Sachsen selbst persönlich zu besuchen. Nur Opa ist einmal dort gewesen.

Zu den weniger planbaren Ereignissen gehören zu allen Zeiten die Beerdigungen. Dennoch zählten sie zu den ausführlich zelebrierten Familienfesten mit geübten Regeln. Zum Beispiel galt eine schriftliche Traueranzeige automatisch als Einladungskarte zum Kaffeetrinken ins Trauerhaus mit Kranzkuchen, und in späteren Jahren auch mit Steuselkuchen vom "Irmenacher Bäcker". Doch bei der "Leich" blieb es nicht immer nur bei Kaffee und Kuchen.

Gedachte man des friedfertigen Abgangs einer Frohnatur mit erfüllten weltlichen Lebensgenüssen, ließ man diese Person in der Runde gerne noch einmal posthum mit ihrem Lieblingsgetränk gemeinsam hochleben.

Auch der Kreis der zu ladenden Trauergäste war zum großen Teil durch lange geübtes Brauchtum vorbestimmt. Neben der meist zahlreichen Verwandtschaft gehörten in erster Linie die Nachbarn dazu, deren männliche Vertreter den Verstorbenen vor Antritt seiner letzten Reise von der häuslichen Bahre abholten, ihn im geschlossenen Sarg auf einem Rollwagen zur Kirche und nach dem wehmütigen Abschiedsgottesdienst von dort zum nahen Friedhof begleiteten, um ihn dann mit der klagenden Stimme der kleinen Kirchturmglocke zur ewigen Ruhe in das zuvor per Handarbeit aus der schieferigen Heimaterde gehobene, und reichlich mit frischem Tannengrün geschmückte Grab zu senken. So ging auch die Henne Mama, die meine Oma gewesen ist, am 27. Sept. 1962 in ihrem 74. Jahr sehr würdevoll von uns und von all ihren Dorfkindern. Doch sie hinterließ eine handschriftliche Liste der Personen, die sie auf ihrem letzten Gang begleiten sollten. Diese Liste war lang und wird in ehrendem Angedenken im Familienbesitz gehalten.

Tatsächlich aber kamen viel mehr Menschen, als die hinterlassene Liste erwarten ließ. Es war üblich, aus jedem Haus im ganzen Dorf ein Familienmitglied zu dem Trauerzug zu entsenden. An diesem Tag aber versammelten sich viel mehr Menschen auf unserem Hof, als das Dorf an Häusern besaß. Und das war nicht nur mit den vielen Trauergästen aus den umliegenden Gemeinden zu begründen. Die Menschen kamen, um ihrer Henne Mama in dem reich geschmückten Sarg hinter der trauernden Familie und den trauernden Nachbarn zu folgen, und sie zum Abschiedsgottesdienst in die nahe gelegene ev. Gemeindekirche zu begleiten.

Zwei Tage vorher hatte unser Papa auf dem Friedhof Omas Grab in Eigenarbeit ausgehoben und innen liebevoll mit frischem Tannengrün ausgestattet. Als die Träger aus der Nachbarschaft den Sarg schließlich niederließen und die Hunsrücker Erde und die vielen Kränze das Grab unserer Henne Mama deckten, war ein ganzes Dorf in Trauer gefallen.

Henne Mama mit ihren Kindern (um 1920)

Weihnachten daheim

Wenn die Ernte eingebracht, die Kartoffeln im Keller ihren Platz gefunden, die Rüben unter einer dicken Strohschicht draußen eingemietet und die Wintersaat ausgebracht waren, schloss sich in unserem beschaulichen Dorfleben so langsam der Jahreskreislauf der Feldarbeiten. Die Hausschlachtung im Herbst ergänzte die angehäuften Vorräte aus Gärten und Feldern mit gutem Fleisch, köstlicher Wurst und Schinken für den kommenden Winter. Danach lief das Leben geruhsamer, es passte sich der Natur an.

Die Zeit des "Majens" begann, Besuche bei Nachbarn, Freunden und Verwandten. Die Arbeiten der Bauern beschränkten sich in den Wintermonaten auf die Versorgung des Viehs in den Ställen, auf die Reparatur der Werkzeuge und Ausbesserungsarbeiten jedweder Art. Manche Männer gingen in den Wald zum "Holzmachen". Damit ließ sich ein kleiner Nebenverdienst erzielen.

Meine Vorfahren hatten ein Handwerk erlernt. Opa Rudolf war Schneidermeister und Opa Heinrich Klempnermeister. Beide praktizierten vornehmlich in der dunklen Jahreszeit. Die Frauen hatten ganzjährig mit der Hausarbeit sowie mit der Versorgung der Familie und der Nutztiere genug zu tun. Manche jungen Männer, die den elterlichen bäuerlichen Betrieb übernehmen wollten oder sollten, besuchten im Dorf die landw. Fachschule. Unter der Leitung von Herrn Labbee bildete dieses Institut in den Wintermonaten den bäuerlichen Nachwuchs zum Landwirtschaftsmeister aus.

Schon im Oktober lief für uns Kinder in der Schule, im Kindergottesdienst oder im Konfirmandenunterricht das Projekt "Krippenspiel" an. Die Texte wollten gelernt und die Rollen einstudiert sein. So verging die Zeit über die Trauersonntage hinweg bis zum ersten Advent, zu dem die Mitglieder der freiwilligen Feuerwehr der Gemeinde auf dem "Freien Platz" vor der Kirche einen Tannenbaum mit elektrischen Kerzen als Zeichen für das bevorstehende Weihnachtsfest aufstellten. Das war auch für uns Kinder ein sichtbares Signal zur inneren Konzentration auf das herannahende Fest der Feste. Die Eltern, Großeltern, Tanten und Onkel fragten nach unseren Weihnachtswünschen, die Frauen begannen Plätzchen zu backen und wer von den Vätern handwerkliches Geschick besaß, bastelte Geschenke für die Kleinen.

Auch wir begannen, unsere bescheidenen Weihnachtsgeschenke am heimischen Küchentisch mit der Laubsäge und dem Drillbohrer zu werkeln, und die fertigen Rohlinge aus Sperrholz mit den Wasserfarben des Farbkastens anzumalen. Dabei blieben so manche Narben an der Tischkante und so manche Kleckse auf der Tischplatte als Erinnerung an die handwerklichen Erstlingswerke in der Adventszeit. Wenn man Glück hatte, ließen sich die frischen Eindrücke mit Schmirgelpapier wieder so gut glätten, dass sie unter den schon vorhandenen Altschäden nicht sofort ins Auge fielen.

Der häusliche Vorrat an Kerzenstummeln lieferte den Grundstoff für eine zweite Produktionslinie unserer Weihnachtsbastelei. Wir reinigten die Stumpen, befreiten sie von ihren Dochten, schmolzen das Wachs auf dem Küchenherd in einem Tiegel ein und füllten die heiße Masse in ein senkrecht aufgestelltes Stück Wasserleitungsrohr aus Opa Heinrichs Klempnerwerkstatt so ein, dass daraus neue Kerzen entstanden. Ein Baumwollfaden aus Muttis Nähkasten war unten im Rohr mit einem Korken verankert und führte als Docht der neuen vielfarbigen Kerze mittig und straff nach oben über den Rand hinaus. Jedes Blatt, das vom Abreißkalender an der Küchenwand fiel, der von der Diakonie Bad Kreuznach gegen geringes Entgelt erworben war, steigerte die beseelte und tiefgängige Vorfreude auf das Weihnachtsfest, dem man überall mit Spannung entgegenfieberte. So war die Adventszeit nicht nur bei uns Kindern durchflutet von der atmosphärischen Freude auf das Fest. Der selbst gebundene Adventskranz aus Tannengrün mit seinen vier dicken, roten Kerzen war das vorweihnachtliche Symbol für die ganze Familie. Es war, als stiege man beharrlich einen Berg hinauf und strebe am 24. Dezember zum Gipfelkreuz.

Die Adventswochen standen in allen Haushalten im Zeichen des Plätzchenbackens. Die fertigen Geleeplätzchen, Spritzgebackenes, Zimtwaffeln, Sandplätzchen und weitere Leckereien aus der häuslichen Bäckerei verschwanden vorerst in großen Blechdosen mit Deckel drauf, und waren fortan allen Zugriffen, Blicken und Schnuppernasen entzogen. Ähnliches galt in unseren eigenen Verstecken für die selber produzierten Geschenke für die Eltern und Großeltern, sowie für Tanten und Onkel, die es im Dorf zahlreich gegeben hat. Nun kam der 6.12., der Nikolaustag!

Als Vierjähriger hatte ich an Heiligabend im Wohnzimmer vor dem erleuchteten Tannenbaum schon einmal das leibhaftige Christkind in einem langen weißen Tüllkleid mit üppigem Kopfschleier gesehen. Da konnte es bezüglich des sagenumwobenen Supermanns aus dem Himmel so schnell keine Zweifel geben, obwohl dieser in unserem Haus in all den Jahren nur selten sichtbar persönlich in Erscheinung getreten war. Eher hinterließ er so beiläufig in den abends vor die Tür gestellten frisch geputzten Schuhen seine spendablen Spuren.

Am 12. Dezember begann bei uns zu Hause mit dem Geburtstag unserer lieben Mutti die heiße Phase der Weihnachtszeit. Jetzt dauerte es nur noch 12 Tage bis zum Finale! Tante und Onkel aus der DDR brachten um diese Zeit schon wegen des hindernisreichen Versands in den Westen rechtzeitig das Päckchen mit ihren Geschenken für unsere Familie zur Post. Manchmal schien schon vor uns jemand auf seinen Inhalt neugierig geworden zu sein. Es müssen sehr misstrauische Menschen an der Zonengrenze gewesen sein. Sie gaben sich nur wenig Mühe, ihre ekligen Wühlspuren zu verwischen.

An den Adventssonntagen bewältigte Papa seine rege Weihnachtskorrespondenz. Der Empfang des Päckchens von Bruder Kurt musste bestätigt, bereits empfangene Briefe beantwortet und neue geschrieben werden. Darunter auch an selten bediente Adressen wie die Quartiersleute aus seiner Zeit der Wanderschaft als Schneidergeselle, oder an Kameraden in der Kriegsgefangenschaft. Alles vollzog sich an der geöffneten Schreibklappe des Wohnzimmerbuffets mit Tintenfüller auf losen Bögen weißen Schreibpapiers mit sauber unterlegtem Linienblatt und mit finaler Assistenz eines, die feuchte Tinte aufsaugenden, rötlichen Löschblatts, das stramm unter eine handliche Wiege geklemmt war, und zur Ausstattung des Schreibfaches gehörte. So entstand Brief um Brief, alle umhüllt von weißen Umschlägen, die oben rechts für den bevorstehenden Transport in alle Himmelsrichtungen ertüchtigt waren mit 20-Pfennig-Briefmarken, die das Abbild unseres damaligen Bundespräsidenten Prov. Dr. Theodor Heuss trugen, darunter ergänzt von je einer kleinformatigen, blauen 2-Pfennig-Notopfermarke Berlin.

Hatten die Weihnachtsferien endlich begonnen, war es an der Zeit, sich aus dem Gemeindewald selber mit Säge und Axt einen Tannenbaum zu besorgen. Jeder Haushalt der Gemeinde hatte dazu das Recht. Bis Weihnachten konnte man jetzt die Tage an einer Hand abzählen.

Nun begann die von mir wenig geliebte Arbeit des Geschenkeverpackens. Der Aufwand bezog sich auf den Umgang von Schere und Mehlpappe mit dem Weihnachtspapier, das die abgegriffene Schachtel mit dem über Jahre gesammelten, schon mehrfach beschnittenen und immer wieder sauber geglätteten Geschenkpapier hinter dem Küchenvorhang hergeben musste. Für neues Verpackungsmaterial mochte man kein Geld ausgeben. Die kleinen Schilder mit den Namen der zu beglückenden Empfänger waren schnell mit der Hand ausgeschnitten, beschrieben und mit der selbst angerührten Mehlpappe draufgeklebt.

Ein All-Hands-Manöver von drei Generationen veredelte am Vormittag des Heiligen Abend im Wohnzimmer der Großeltern, das gleichzeitig auch Opas Schneiderwerkstatt gewesen ist, den frisch geschlagene Tannenbaum aus der dörflichen Gemarkung zum glänzend leuchtenden Christbaum. Natürlich standen dafür nur die seit ewigen Zeiten bewährten Schmuckstücke aus der Schachtel in der Bankkiste zur Verfügung. Große und kleine, teils glänzende, teils weiß beflockte silberne Kugeln aus hauchdünnem Glas zierten schließlich die grünen Nadelzweige, und eine große Spitze aus dem gleichen filigranen Material krönte den Baum, der vom Boden bis zur gekalkten Zimmerdecke reichte, die von einem stützenden Balken durchzogen war.

Silbernes Lametta, gelbe Strohsterne, bemalte Holzengel und mit Gold- und Silberbronze überzogene Walnüsse an bunten Bändern ergänzten das Schmuckwerk. Weiße oder rote Wachskerzen auf metallenen silbrigen Klammern verteilten sich von unten bis oben so an der dem Raum zugewandten Seite, dass ihre Flammen am Abend ein harmonisches Bild ausstrahlen konnten. Dazwischen warteten graue Wunderkerzen, die wir Spritzkerzen nannten, unauffällig wie Rattenschwänze an den dünnen Zweigen auf ihren hoffentlich feurig sprühenden abendlichen Einsatz. Bis dahin waren es jetzt nur noch wenige Stunden!

Auch in jenen Jahren bedeckte zur Weihnachtszeit nicht immer eine weiße und dicke Schneedecke das winterlich ruhende Land. Doch unsere Erinnerungen lassen in gefühlsbetonten Rückblicken immer wieder die Bilder von klirrendem Frost, hohem Schnee und langen Eiszapfen an den Dachrinnen aufsteigen. Die Natur bot in Winterzeiten stets irgendwann Gelegenheit zum Schlittenfahren, am besten auf dem Kirchhofsweg mit einem kleinen Anfangsschwung dem "Berchelche" hinunter, und bis auf den freien Platz zu Füßen der Dorfkirche.

Ist am Heiligabend früh oder spät Kirche? Diese Frage stellte sich die Gemeinde wegen der Doppelverpflichtung unseres Herrn Pfarrers in Sohren und Büchenbeuren. An diesem Tag war der Gottesdienst in der Kirche für die Dorfbewohner der taktgebende Fixpunkt. Besondere Vorbereitungen waren im Kirchenhaus schon getroffen: Zusätzliche Stühle im Mittelgang und hinter den letzten Bankreihen erweiterten die Besucherkapazität. Zwei große Tannenbäume mit Wachskerzen flankierten den Altar und die künstliche Raumbeleuchtung reduzierte sich auf das notwendigste Maß. Schon mit den letzten Schlägen des ersten Läutens der kleinen Glocke im Turm füllte sich der Kirchenraum einschließlich der Empore, keiner wollte zu spät kommen. Akteure, wie Kinder für das Krippenspiel, Posaunenbläser oder Chormitglieder übernahmen das Programm und drängten den Herrn Pfarrer an diesem Abend in die Rolle des Moderators. Nach den gemeinsam gesungenen Liedern "Stille Nacht" und "O du fröhliche" schmetterte zum Abschluss des Festgottesdienstes die Trompete des Schuhmachers und Landwirts Willy Stumm, der im Dorf besser als "de Schmieds Dick" bekannt war, vom Kirchturm diese Melodien noch einmal in die klare Nachtluft hinaus über die Dächer des friedvoll ruhenden Dorfes hinweg.

Jetzt war sie da, die Heilige Nacht!

Den Zuhörern in und außerhalb des Gotteshauses stiegen nicht selten Tränen der Hingebung in die Augen, und nach dem Auslass unter dem begleitenden Geläut aller 3 Glocken versammelten sich die Menschen in kleinen Gruppen froh gestimmt vor beiden Portalen, um sich gegenseitig die besten Wünsche für die Weihnachtstage auf den Weg nach Hause mitzugeben.

Allen Kindern stand jetzt der Höhepunkt des Festes zum Greifen bevor: Die Bescherung! Unsere fand erst einmal statt im nahen Haus der Großeltern unter dem am Vormittag geschmückten Christbaum, der nunmehr sein warmes Kerzenlicht in die gemütlich beheizte Stube warf. Opa saß in seinem Korbsessel neben dem dreistöckigen grünen Ofen aus Eisen, der stetig den festlichen Raum mit anheimelnder Wärme versorgte. Oma hatte ihren Platz auf dem verschlissenen braunen Sofa mit der geschwungenen Rückenlehne hinter dem stabilen Ausziehtisch. Papa, Mutti, Tanten und Onkel nahmen die leichten Rohrstühle mit den geflochtenen Sitzflächen vor dem Tisch ein, Jürgen räkelte sich in dem niedrigen Sessel unter dem Spiegel, der zur Ausstattung von Opas Schneiderwerkstatt gehörte, und ich hing angespannt wie ein Flitzebogen in dem mit grobem Tuch bespannten hölzernen Liegestuhl nahe Opas Platz auf der anderen Seite des behaglichen Wärmespenders. Auf dem Tisch unter der Stofflampe mit der trüben 60-Watt Glühbirne türmten sich verpackte und verschnürte Päckchen und Pakete. Noch waren diese nur Kulisse, noch waren sie tabu.

In der vertrauten Stube verlangte die Tradition zunächst einen Reigen eigener Weihnachtslieder. Dazu gab es keine schriftlichen Vorlagen, man konnte und kannte sie auswendig. Keiner musste vom Blatt ablesen und niemand musste überredet werden, denn die allstimmig intonierten Lieder vermochten die prickelnde Stimmung und die Spannung in der Stube noch einmal zu steigern. Jetzt waren es nur noch Minuten!

Dann aber löste sich die Hochspannung. Spätestens nach dem vierten Weihnachtslied war es meistens die Oma, die nicht mehr warten konnte, und eröffnete mit wenigen bescheidenen Worten die von uns so ersehnte Bescherung. Während die Päckchen und Pakete, Tüten und Umschläge vom großen Tisch unter der funzeligen Lampe Stück für Stück in die Hände ihrer neuen Besitzer wanderten, versprühten unsere Kinderaugen den gleichen festlichen Glanz wie die nun brutzelnden Wunderkerzen an dem herausgeputzten Christbaum aus dem heimischen Wald. Die anheimelnde Stimmung hat ihren natürlichen Ursprung, sie war mit den Jahren durch das Zusammenleben mehrerer Generationen unter einem Dach ganz von selbst als das gefühlte Original einer Weihnachtsstimmung herangewachsen, unbeeinflusst von äußerlichen oder gar elektronischen Effekten.

Waren alle Geschenke ausgepackt und wieder Ruhe in der Stube eingekehrt, legte Opa sein jetzt erkaltetes Pfeifchen beiseite, erhob sich gemächlich aus seinem Korbsessel, griff in seine linke Westentasche und beschenkte jeden seiner Lieben ganz schnörkellos mit einem unverpackten 20,00 DM-Schein. Opa hatte immer schon Sinn fürs Praktische!

Dies war der Weihnachtsfeier erster Teil, der zweite folgte im Elternhaus. Doch dazu bedurfte es eines gemeinschaftlichen Umzugs vom Oberdorf ins Unterdorf mit allen erhaltenen Geschenken. Ein Korb aus Weidenruten war das geeignete Transportmittel für die vielen Pakete, Päckchen und Tüten mit hausgemachten Plätzchen und mit köstlichem Obst und den bisweilen uns noch unbekannten Trockenfrüchten. Bei einer solchen Gelegenheit habe ich mit 6 Jahren zum ersten Mal in meinem kleinen Leben ein Stück Apfelsine genossen. Die dicke Orange war ein Geschenk an die ganze Familie und musste durch 4 geteilt werden.

Die spärlich beleuchtete Dorfstraße war menschenleer als unsere kleine Karawane mit dem prall gefüllten Korb dem neuen Ziel zustrebte. In manchen Jahren knirschte im fahlen Schein der Straßenlampen unter unseren Füßen behaglich der frische Schnee. Eine pure Festtagsstimmung breitete sich über das Dorf und die Region. Es war Weihnachten, jetzt war sie da, die Heilige Nacht!

Gedämpftes Licht der Christbäume schimmerte durch die kleinen, einfach verglasten Stubenfenster, hier und da begleitet von sanften weihnachtlichen Klängen. An dieser originären Weihnachtsstimmung müssen sich alle Weihnachtsfeste der späteren Jahre messen lassen.

Während unser Papa dann zu Hause die fertig aufgesteckten Wachskerzen am eigenen geschmückten Baum auf dem kleinen, mit einer bestickten Weihnachtsdecke geschmückten Rauchtisch im vorgeheizten Wohnzimmer aufleuchten ließ, brachte Mutti schnell den am Nachmittag schon geschnippelten Heringsalat aus der Vorratskammer auf den bereits eingedeckten Küchentisch. Dies sei bei dem vielen süßen „Geschneekels" immer das beste Abendessen für diesen Tag, war ihre Überzeugung.

Dann aber klingelte eins der zarten Glöckchen aus filigranem Glas, die zur Ausstattung des Christbaums gehörten, und es öffnete sich die schmale Schiebetür zu dem vom Kerzenschein festlich erleuchteten Wohnzimmer. Das Christkindchen musste gerade da gewesen sein, das Fenster stand ein wenig offen und ein ein leiser Lufthauch war von dort noch zu spüren.

Vier Kinderaugen erfassten natürlich zuerst den großen Gabentisch, waren doch seit Tagen und Wochen all unsere Sinne darauf gerichtet, was sich nun zum Greifen nahe jetzt noch unter der zugedeckten Oberfläche befinden möge. Schnell einigte man sich auf die jetzt auch noch mehrstrophig zu singenden Weihnachtlieder. Glanz trat in die Augen, bei uns aus kindlicher Freude, bei den Eltern aus stolzer Genugtuung über die intakte Familie, und bei den Großeltern, Tanten und Onkel aus wehmütiger Erinnerung an viele schon abgelebte Heilige Abende.

Und dann wiederholte sich der wichtigste Abschnitt für uns Kinder: Die Bescherung, die wir zu Füßen des Christbaums im hoffnungsvollen Glanz seiner Kerzen mit spiegelnden Augen und mit hüpfenden Herzen erlebten. Die Basisausstattung einer elektrischen Eisenbahn, in späteren Jahren dann immer wieder zusätzliche Elemente dafür, eine Dampfmaschine mit Transmission, Hammerwerk und Säge, ein Schuco Auto, das beim Aufprall an das Stuhlbein in sieben Teile zersprang, ein Werkzeugkasten mit Laubsäge und allerlei Handwerkszeug, ein Stabilbaukasten, Karl-May-Romane und ein Monopoly-Spiel haben ihre festen Plätze als bedeutende Weihnachtsgaben in meinem Gedächtnis behauptet. Stets waren die harten Geschenke die begehrtesten, sie wurden gleich geöffnet. Die weichen Päckchen mussten erst einmal ein wenig warten, sie enthielten Hosen und Hemden, Pullover, Strümpfe, Schals, Socken oder Mützen, Kleidungsstücke also, die man sowieso irgendwie bekommen hätte. Das Papier wurde wieder sorgsam gefaltet, von Klebestreifen befreit und dann wieder in der Schachtel verstaut, der es Tage zuvor entnommen war.

Gegen Mitternacht gingen Oma, Opa, Tanten und Onkel wieder den Weg zurück ins Oberdorf, vorbei an der wie ein Hirte über seine Herde wachenden Dorfkirche auf dem Hügel zur Rechten. Die Eindrücke dieser Zeit prägten in den Jahren der Kindheit mein persönliches Weihnachtsbild, das in der geborgenen Gemeinschaft der großen Familie im Kreis vertrauter Menschen auf natürliche Weise gediehen ist, und fortwährenden Bestand hat. Die Messlatte für künftige Weihnachtsfeste war damit sehr hoch gelegt!

Die Festtage des 25. und 26. Dezember galten den Besuchen bei der übrigen Verwandtschaft im Dorf und dem Empfang derselben in unserer kleinen Wohnstube. Auch sie kamen nicht mit leeren Händen, nein, sie brachten etwas mit, so dass die Spannung für uns wie auch für deren Kinder lange erhalten blieb. Die Freude am gemeinsamen Spiel mit den neuen Weihnachtsgeschenken im Kreis der Vettern, Basen und Freunden verbreitete ewig während Glückseligkeit.

Ich will mein Geld!

Als in den frühen 1960er Jahren bei der Möbelfabrik Felke in Sohren für die Arbeiter die bargeldlose Lohnzahlung eingeführt wurde, war ich Lehrling bei der Volksbank Kirchberg e.G.m.b.H., vormals Raiffeisenbank.

Nach gründlicher Vorplanung sowohl bei der Fa. Felke wie auch bei unserem kleinen, genossenschaftlichen Kreditinstitut war es dann eines Tages so weit, dass die Löhne nicht mehr, wie bisher üblich, wöchentlich bar an die Belegschaft ausgezahlt wurden. Ab jetzt erhielten alle Beschäftigten vom Lohnbüro des Arbeitgebers nur eine Lohnabrechnung, ohne das dazugehörige Bargeld in die Hand zu bekommen. Wer zu diesem Zeitpunkt noch kein eigenes Bankkonto besaß, für den hat unsere Volksbank rechtzeitig ein kostenfreies Kontokorrentkonto eingerichtet, auf das die Auszahlungsbeträge lt. Lohnliste als Habenposten gebucht wurden.

Alle Beteiligte des neuen Verfahrens fieberten dem ersten Auszahlungstag mit großer Spannung und auch mit einigem Bangen entgegen. Galt es doch, an diesem Tag an den Schaltern unserer Geschäftsräume am Ort an nahezu 1000 Menschen den wohlverdienten Lohn bar und zügig auszuzahlen. Es war nicht die Frage des Geldes, das war herangeschafft und auch in ausreichender Stückelung vorrätig. Es war eher eine Frage der Organisation an den wenigen Bedienplätzen unserer Bankfiliale in Sohren, eine Frage der Disziplin der neuen Kundschaft und eine Frage der benötigten Zeit für die technische Abwicklung der ungewohnt vielen Auszahlungsvorgänge.

Die erheblich verstärkte Mannschaft der Bediensteten hinter dem Bankschalter konnte den mitgebrachten Lohnscheinen der Arbeiter vor dem Schalter deren Namen und auch Netto Auszahlungsbeträge entnehmen.

So entwickelte sich an diesem ersten Auszahlungstag an den Bankschaltern unserer Sohrener Filiale mehrfach der folgende kleine Dialog:

Kunde vor dem Schalter:
> Guten Tag, ich will mein Geld!

Angestellter hinter dem Schalter:
> Wie viel möchten Sie denn abheben?

Kunde vor dem Schalter:
> Alles!

Angestellter hinter dem Schalter:
> So lassen Sie doch wenigstens die Pfennige
> stehen, damit das Konto nicht ganz leer wird.

Kunde vor dem Schalter:
> Nein, ich will alles!

Mit der Zeit aber wuchs das Vertrauen der neuen Kundschaft in die Dienste unserer Volksbank, und so zerstreuten sich die ersten Bedenken der bis dahin misstrauischen Arbeiterschaft. Nach kurzer Zeit kamen sogar schon so manche Ehefrauen mit einer entsprechenden Vollmacht ihrer Ehemänner, die den Gang zur Bank nun selbst für nicht mehr notwendig hielten. Die Frauen wollten dann auch schon bald nicht mehr gleich alles abheben.

Vielleicht brachte die Umstellung auf die neumodische Form der Lohnauszahlung auch Verlierer hervor: Die Gaststätten in Sohren und in den anderen Dörfern gehörten bestimmt dazu.

Sgraffito an dem alten Gebäude
der Volksbank in Kirchberg
Raiffeisenstraße

Gedanken zum Jahreswechsel 2016/2017

In diesem Jahr hat die vorweihnachtliche Zeit so lange gedauert, wie sie länger nicht sein kann, denn am 1. Weihnachtsfeiertag wäre ja schon der 5. Advent gewesen. Der Advent soll eine Zeit der Freude sein, und den Menschen als Vorbereitung auf das Weihnachtsfest dienen. Im praktischen Leben lässt sich die Freude allerdings nicht vom Kalender takten, eher wird sie von den Ereignissen bestimmt, die von uns nur bedingt steuerbar sind.

Wenn das Leben mal nicht so gut läuft, fragt man sich gerne, warum musste dies oder das eintreten, warum gerade jetzt, warum bei mir oder bei uns? Schnell fühlt man sich getroffen, betroffen, benachteiligt, gehemmt und in seinen Möglichkeiten eingeschränkt. Gründe gibt es viele, die uns immer wieder von den eigenen Plänen abbringen, unseren normalen Tages-, Wochen-, Monats- und Jahreslauf aus der Spur geraten lassen. Doch was ist denn überhaupt normal? Diese Frage kann man mit einiger Berechtigung ebenso stellen wie: Was ist überhaupt gesund?

Das sorglose, scheinbar normale Leben ist bei Licht betrachtet eher selten vorhanden, es ist Wunschdenken und deshalb auch die Ausnahme. Trifft man die Schlaglöcher und Tretminen, die den Lebensweg zum Hindernislauf machen können, nicht an, hat man von ihrer Existenz auch keine Ahnung, man hat dann eben Glück gehabt. So lässt sich das Leben gut mit einer Autofahrt vergleichen. Man sagt: Da kommt ein Schild auf mich zu! Nein, es kommt nicht auf mich zu, denn das Schild hat einen festen Platz, aber wir bewegen uns.

Wie sich der Autofahrer mit jeder Radumdrehung durch die stationären Landschaften und starren Topografien bewegt, wandert der Mensch mit jedem Atemzug die Phasen seines ganz persönlichen Weges ab, wobei die Zeit der Weg ist. Die Natur hat uns alle mit Fähigkeiten zur Bewältigung der täglichen Aufgaben und zur Überwindung von Hindernisse auf diesem Weg ausgestattet. Sie hat uns aber auch

Frohsinn und Glücksgefühle mitgegeben. Und jetzt liegt es bei jedem selber, ob und wie er diese bei sich entdeckt, und ob und wie er sie in den Vordergrund treten und als seine natürliche Antriebsart wirken lässt. Glücklich ist der, dessen Interessen mit seinen natürlichen Talenten in ständigem Einklang stehen.

Ein junger Mensch muss nach der Kindheit seinen Platz in dem sozialen Gefüge, das ihn umgibt, erst einmal finden. Damit ist die eigene Rolle im großen Getriebe des Zusammenlebens der Menschen gemeint. Die Antworten auf die Fragen: "Was kann ich, was kann ich nicht? Was will ich, was will ich nicht? Was traue ich mir zu? Was mache ich gerne?" sind individuell. Für die Selbstfindung ist es wichtig, tief in sich hineinzuhören, um aus dem Echo wirklich selber die eigenen Ziele zu entwickeln. Hilfe von außen sollte immer die Förderung der persönlichen Stärken im Focus haben, gepaart mit der Ermutigung, diese stets überzeugend und kraftvoll zu vertreten, Hilfe zur Selbsthilfe also.

Es ist sicher nicht falsch, diese Betrachtung auch auf die schutzsuchenden Menschen aus fremden Kulturen zu übertragen, die gegenwärtig sehr zahlreich notgedrungen zu uns kommen. Auch sie wollen nur ihren Platz in unserer offenen Gesellschaft finden, auf die wir in unserem Land so stolz sein können.

Die Nuss im Blumenbeet

Bei der Frühjahrspflege der Blumenrabatte um die Terrasse unseres Hauses entdeckte meine Frau in der weichen Erde eine Walnuss. Hellblond und hart steckte sie wie ein kleiner Findling zwischen den Wurzel- und Zwiebelresten der Blumen des letzten Jahres, nur wenige Zentimeter unter der Erde. Sie war ein wahres Bodenschätzchen, zumal weit und breit kein einziger Baum oder Strauch als Urheber für diesen Ableger infrage kommt, schon gar kein Walnussbaum. Der Fund kann nicht einfach als Taube Nuss abgetan werden, nein, aus ihm heraus spross ein feiner Keim als Zeichen seines kraftvollen Vermehrungsdrangs. Man kann auch sagen, die Nuss war schwanger!

Das neue Leben verpflichtete uns also zur besonderen Sorgfalt. Es stellten sich Fragen wie: Wem gehört diese Nuss? Wer hat sie verloren? Wer vermisst sie? Ist sie vielleicht Teil eines Nahrungsdepots, angelegt von einem unbekannten Untermieter? Bei der Diskussion dieser Fragen geraten schnell die roten Eichhörnchen unserer umgebenden Waldlandschaft in Verdacht. Doch warum haben diese die Nuss nicht wieder ausgegraben und gefressen? War es etwa ein Einzelgänger mit Gedächtnisschwund, ein dementes Eichhörnchen, gibt es das?

Das aufkommende Mitleid wird gedanklich schnell kompensiert von der Erinnerung an die vielen rothaarigen, sehr dominanten und behänden Gäste in unseren rundum aufgestellten Futterhäuschen, die ihren gefiederten Fresskollegen im Winter das Futter streitig machten. Kann es sich etwa auch um ein vorsorgliches Eichhörnchen handeln, eines mit Weitblick? War es also Absicht, die Nuss als Samen in unsere fruchtbare Blumenrabatte zu versenken, um der Region endlich einen Früchte tragenden Walnussbaum zu bescheren und damit die nachfolgenden Eichhörnchen-Generationen zu versorgen? Nun aber war die Nuss schon ausgebuddelt und wir fühlten uns sehr schuldig.

Die Fragen der Herkunft und des Ursprungs waren nicht zu mehr klären. Dennoch folgten wir dem Fingerzeig der Natur, die das neue Leben unter der Erde schon daumenbreit als Keim hervorgebracht hatte. Noch am gleichen Tag erhielt die Walnuss ihren eigenen Topf mit bester Erde aus der bewährten Blumenrabatte. Das jedenfalls nehmen wir mal so an, weil sich daraus schon kurze Zeit später ein kräftiges Pflänzchen erhob, das von Beginn an verdammt viel Ähnlichkeit mit einem Walnussbaumblatt zeigte.

Doch auch unter den Walnussbäumen dieser Welt mag es Unterschiede geben. Hat das Eichhörnchen mit der im Herbst irgendwo ergatterten Frucht etwa das halbe Dorf durchstreift um diese bei uns zu deponieren? Stammt die Nuss etwa aus Übersee, gehörte zum Inhalt einer Weihnachtstüte und ist über den Umweg eines nachbarlichen Vogelhäuschens und des besagten diebischen Tierchens zu uns gelangt? Wir werden es nicht erfahren. Die Lösung kennt nur das Eichhörnchen selbst.

Gedichte auf Hunsrücker Mundart

Genomend

Genomend in die große Runde
Im Bätsaal, dem Gemändehous
So haltet bitte diese Stunde
Es mit meinem Vortrag aus

Ulrike hot mich engelad
Ouch von fria se vaziele
Se hot aach gleich debei gesaat
Ma wolle uus dehäm dann fiele

Deswegen tu ich euch begrüßen
Auf Hochdeutsch on met uusem Platt
Den Abend wollen wir genießen
Wie's keiner noch gehöret hat

Denn manch Mitbringsel ist neu
Ist nur geschrieben, nie gesprochen
Und ich hab' heut keine Scheu
Freue mich auf euch seit Wochen

Wer als alter Honsrecker
Schwätzt dat Hochdeutsch nor met Streife
Sollt bei seine Kritiker
Ganz selbstbewosst of alles peife

On met seine ajene Worte
Däm erkläre die ganz Welt
On ihm saan, dat hei on lorde
Die Sprooch die Leit sesamme hält

Wenn äna seet: "Weis ma de Honsreck"
Dann saan eich däm "Ei allemoo"
On zaije of dat Mettelsteck
Von Rhein on Musel, Saar on Noo

Am Enn saan eich ouch aach ganz nett
Wer loo heere well noch mee
Dä loggt sich en em Internet
Mit O-Ton-Hunsrueck Punkt de

Ebbes Gescheits se Esse

Wie eich dehäm noch groppisch war
Beim Esse aach geschnurele hatt
So waret doch aach meer schon klar:
Gescheits se Esse micht scheen satt!

Dat Gemies kam ousem Gaade
Frisch geschniet on dann gefäht
Ma konnt geduldisch so drof waate
Wenn et em Friejohar ousgesäht

Met däm Fleisch hott' s ähnlich gang
Ma hatt' dat Vieh jo en de Ställ'
On so war's ähm niemols bang
En Sou, en Kuh for alle Fäll'

Woarschtsopp on Heere hot ma als
Noem Schlaachde ganz frisch gess
Fleisch on Schinke kom end Salz
Alles war so gut bemess

Dann kom et en die Reicherkamma
Wo die Woarscht schon hängt of Stange
De Schwadema war schwer wie'n Hamma
Alles muust bes't Friehjoahr lange

Fo Sonndaachs hot ma gut geplaant
Moondaachs gerret Sopp on Reste
On der horret schon geahnt
Wärdachs gab's net noor vom Beste

Alle verze Daach, drei Woche
Wollt ma wesse: "Watt gets hout?"
On die Fraleit musstn't koche:
Krombeere, Bouchfleisch, Souakrout

Geruch kom manchmo ous'm Kella
Dä war streng on net so ohne
Watt kemmt hout dann of de Della
Et senn wuhl engelaachte Bohne

Am beste war'n gefellde Klees
Die hot jo jeda gäre gess
So gehn ma gleich en medias rees
Ma hot sich gär dodran fafräss

Ganz besonnarsch kulinarisch
On reich gespickt met Schweinereppe
Jeder hot gefreit sich aarisch:
Moorde on Klees em Eisedeppe

Dampnurele on Hefeklees
Dat war en Esse so ous Deich
On do war aach niemand bees
Wenn's ebbes gen hot ohne Fleisch

Krombeeresopp on Scheppkieschelscha
Ware emmer schon beliebt
On en all Kochbieschelscha
War dat Rezept aach ofgeschrieb

Manchmo hon die Kenn gequängelt
Ware dann aach schnell debei
Hon ehr Modda staark bedrängelt
Wollte alsmo Reisbrei

Sonndachsmeddachs noo da Kerich
Wollt' die ganz Familie bloß
Schweinebrore, richdisch defdisch
Krombeere, Morde on broun Soß

Aach de Äppelpannekuche
Oore dän met Wähle
Sollt ma haut nomma vasuche
Ohne dän det ebbes fähle

De Schaales däf ma net vagesse
Dä schmackt bestemmt jo jedem Flappes
Eich kennt en jede Daach gut esse
En Frankfot nennt man Deppelappes

Ma kennt noch viele Stroofe diechte
Met emma ebbes Nouem dren
Die Lest dät gehn bes en die Fiechte
Do fällt ähm douernd noch wat en

Wenn ma hout sich reckbesennt
On so aan die Johre denkt
Wär ma manchmo gär noch Kend
On so reich on gut beschenkt

Beschenkt vom Esse on vom Trinke
Of däm blanke Eichedisch
On die Erennerung dud winke
Ous da Oma ehrer Kisch

En Daach em August

Am Omend ware die Bouere gare
Froh, wenn se dehäm von da Awet ware
Daachsiewa hon se gemengt on gerackert
On met de Kie offem Steck romgezackat

Morjens gings los met dem Pläze vom Vieh
Em Suuma war dat emmer schon arisch frie
Die Kie hon valangt en ordelich Fresse
Dat Hau on die Rommele als ehr Delikadesse

Wenn die Oma mem Äma en de Seistall kam
Hon die Sei sich bal iewa enanna vaschlaan
Dann kaamde die Hinkel zeletzt an die Rei
Se sen fisedeert wor on ware dann frei

Frei en da Betz hennam Hous on em Gras
Konnte se picke on schärre met Spass
Die Kie ware gemolik on die Ställ ware gemest
Ebst ebbes en da Kisch of de Disch komm es

Dat Kor muss gemäht wäre, et es hechste Zeit
Et leit en de Stecka on micht gar kä Freid
Die Destele on Wicke waase dedoarch
Dat micht die Ähre on dat Stroh ganz moarsch

Hout gets mo kä Rän, also nix wie eraus
Nor de Oba on die Oma bleiwe em Hous
Die Mannsleit hon aangespannt on die Säänse gewätzt
Hout wärd die Frucht of die Kaste gesätzt

Die Kenn hon wei Ferie on misse met schaffe
De Spielplatz esset Korstick on do spiele se Reffe
De Oba setzt em Stall bei da Kuh, die bal platzt
Die Oma hot em Kessel die Wäsch ofgesatzt

Um zähn wärd ebbes gäss, die Schmeer ous da Hand
Dat Brot es scheen frisch on hot en hatt Kant
De Muckefuck werd ous em Becha getronk
Dat Friestick hot am Hooke onnam Plattwan gehonk

Wei leidt die Meddachsglock, et es genau Ellef
Dehäm well ma sen so om Meddach em Zwöllef
Abgespannt werd, die Kie sen schonn mied
Em Stall hot die Ella ehr Källebsche kried

Merrem Streck hot de Oba am Bäänche gezooh
Dann flutscht et ganz schnell, on schon war et do
On ball konnt et stehn on reckt seine Hals
No da Memm von da Modda, sei Brot on sei Salz

Aach die Leit harre wei Hunga, de Disch war gedeckt
On do hon aach die ehr Häls vorgereckt
Zeerscht no da Sopp on dann de Gedämpte
Bes sich alles em Bouch scheen vamengte

Die Fraleit dun spiele on mache ehr Kich
Die Mannsleit rauche Peifche on räkele sich
Ma misse wiere rous, on ma gucke nohm Iere
Ma hot sich se dommele, et zaait en Gewiere

Gän Omend kam noch de Dierarzt ous Beiere
For dat Kaleb se impfe on die Ferkel se schneiere
Dann war de Daach romm on die Leit ware mied
Noom esse hon se koum noch die Aue of kriet

Dann hot ma med de Nobaa noch romdeskereert
Vazielt on geloustert wat am Daach war passeert
De Pitt es gestorb, hout Meddach em Drei
De Parre war bei em, sei Lääd es vabei

Wer geht met of die Leich am Samsdach em Zwo
Ous jedem Hous ääna, dat war emmer schon so
Doch morjens gings Läwe noch annerscht erom
Bei Zeit war sei Enkelsche of die Welt hout komm

Dat war en schee Kendhät, on eich hatt aach viel Freid
Met de Kie, met de Sei on aach met de Leit
Als Kend on als Schoolbu of däm Hub allemo
Doch dat langt net fot ganz Läwe lang dodeno

On wenn ma spära gebroucht hot Mann's Hand
Dann konnt ma sich melle met Sachvastand
De Borem war gut fo dat Läwe of Doua
Mei Fra seht: "Dou best noch emma en Boua!"

Die School

Em Hunsreck hielt näxt jed Gemään
En eie School em Doarf fo richtich
On war et Doarf aach noch so klän
Die Bildung war uus emma wichtich

En groß Gemään, die hatt' zwo Klasse
Von ent bes via on fönf bes acht
Et ware trotzdäm so kä Masse
Ma hott's gepackt, dat wär gelacht

En Kerbrich hotts zwoo Schoole genn
En evangelisch on katholisch
Datt hatt' aach iewahaupt kää Senn
On war aach domols schon ganz froolich

Nächst honnat Kenn je Konfession
Die gingte en vaschiedne Schoole
Fo meich war dat de blanke Hohn
De Deiwel soll die Keach doch hoole

Dat hot gedäält statt se vabenne
Ma hot die aiene Leit noor kannt
Fremde hot ma net leiere kenne
Ma es bal vor en fottgerannt

Em kläne Doarf war alles bessa
Fo Schreiwe, Rechene on aach Singe
Do broucht ma doch kä Trennungsmessa
Alles konnt so gut gelinge

Dat erscht Joahr war bei Fräulein Geibel
Dann war die Tomaschewski drann
Dat war nadeerlich aach en Weibel
Doch Emil Rohleff war en Mann

Rächts die Mäd on links die Bue
Alle setze se ganz frisch
Die Kläne vore, Große ue
Die Ranse honn se se onnam Disch

En Läse- on en Rechenbuch
En Tafel merrem Lappefranzel
Zwo Hefte ware grad genuuch
Dat war de Enhalt von dä Ranze

Manchmo warent dreißich Kenn
Manchmo nor en Dutzend gäre
De Lehra muust gewaas däm sen
Dätt se all aach ebbes lehre

Offsatz, Scheenschreft on Diktat
Hon so manch Deitschstonn gefellt
Wer die Kenntnes net parat
Hot alsemo debei gebrellt

Wenn de Lehra muust mo rousgehn
Sara noch, wei gebt scheen acht
Käna von uus sollt dann ofstehn
Koum wara drouß, schon war die Jacht

Aach rechene war angesaat
De Dreisatz muuste ma schon kenne
Wer neist dehien braacht hot ofd Blaat
Dä fing schon wiere aan se flenne

For allem rechene em Kopp
Dat hot die School uus engeploit
On eich saans mo so salopp
Kähna hott's bes hout bereut

Dousend wenicha sieweneverzich
War en ganz beliebta Spruch
Henne rous, wenn net, dä errt sich
Kemmt dreizäh on en schäle Bruch

Dat muust ma allegar bekäppe
De Lehra en de Kella rennt
Vo de Koks do droffsescheppe
Domet die Heizung aach gut brennt

Wenn die Reih dran kom met Sport
Noor em Suuma, es doch klar
Schlääpt ma dooach dä ganze Ort
Bes ma of däm Sportplatz war

Met däm Lädawähnche muust ma
On meer ware jo net foul
Vorher fahre dann metonna
Huwelspähn en die groß Sprongkoul

Bei Ochse Fretz honn meer als Kenn
Die en große Säck gestoppt
De Lehra hat uus Oftraach genn
Meer hon uus bal dodrom vakloppt

Wenn'd Wäre war garnet zum Lache
En da Tornhall onnam Dach
Hot de Lehra dann am Barre
Uus die Iewung vorgemach

Vor da Pous es ganz galant
En Buu, on aach noch ziemlich gär
En die Molgerei gerannt
Melch huule fo die Pouseschmeer

Die Melch getronk, die Schmeer war gess
Zeit hot ma aach noch freigehall
Ma war total dodroff vasess
Offem Schoolhub: Völkaball

Wenn de Lehra hott gepiffe
Kam'd ääm so noch en de Senn
Dät ma grad noch schnell muust schiffe
En die schwazgeteerte Renn

Dreckisch wie ma war vom Balle
Es ma en die Klass dann komm
On meer hon gefreit uus alle
Wenn die letzt Stonn war eromm

Frau Tomaschewski hot ganz gäre
Met uus dat Singe engeiebt
Wenn doch die Bromma net doo wäre
Die Stonn war noor bei Mäd beliebt.

Meer ware acht en uusem Joahrgang
Haleb Bue haleb Määd
Et war am Schluss so wie am Aanfang
Dorch dick on denn, dorch Freid on Lääd

Wie dat achte Joahr eromm war
Wor ma entloss ous däm Schoolhous
On de Lehra saht ganz klar:
"Gläbt an ouch on macht wat drous!"

Weihnachte, ore die Dampmaschin

Wie mehr Zween noch krobbich ware
War die Weihnachte noch scheen
En Spannung ware allegare
Bes ma en die Keach konnt gehn

Wenn die Krombeere em Kella
On dat Gemies war ousgemach
Es die Zeit gelaaf noch schnella
Of Weihnacht zu, so jede Daach

De Suuma on de Herbst erom
War dat Joahr bal abgeschloss
Wenn dann de Nikeloos war komm
Hot ma Hochspannung genoss ..

Of Weihnachte ond Chreskendche
Of Gawedisch met Ganzvahüllung
Fo dän ma ebbes sich kann wensche
Met ganz viel Hoffnung of Erfüllung

Mehr sen dann iewaall gefroot wor
Wat uus am merchde Spaß dät mache
Dä Wunsch, dä war dann schnell gebor
Et hot noor end genn von viel Sache

Mehr Zwenn, de Jörgen on aach eich
Mehr muuste net no Kerbrich fahre
Do war so allahand schee Zeich
Em Schaufensta von Schelasch Laare

En Dampmaschien hot do gestann
Met Transmission on drom on dran
Mehr ware schnell Foua on Flamm
Die sollt et sen, die wollt ma hon

Vom Chreskendche, dat jo bal kemmt
Vorich Joahr hommat gesiehn
Met weißem Tüll on langem Hemd
War et en uusa Stuu erschien

Jede Daach homma geguckt
Am Schaufensta von Schelasch Kätt
Meer beide ware ganz vadruckt
Ach, wenn ma die Maschin schon hätt!

Änes Daachs war dä Platz leer
Loo ware wei die Boppestue
Wie krie meer die wiere her
Dat es doch weile neist fo Bue

So kam dat Stick uus wei abhan
Mer ware ganz denoo varreckt
On hon rotlos dorom gestann
On uus die Nase plattgedreckt

Die Enttäuschung war wei doo
Doch ma muuste uus bereffe
Meer ware do so gar net froh
Doch vielleicht konnt ma noch hoffe

For Troua ware ma bal krank
Wenns's omens dann end Bett ren geht
Guckt' ma noch of de Kläreschrank
On sieht wie en nou Kest do steht

Die war gester noch net doo
Gester war dä Platz noch frei
Am beste es, meer gucke moo
On beide daachde ma: "Oweih!"

Vier Aue strahlten Röntgenblicke
Dorch dä Kartong, oweih, oweih
On sien zu uusem groß Entzücke
Die Dampmaschin, die war wei hei

An Heilichomend, zisch, zisch, zisch
War et doo, dat groß Tammtamm
On of uusem Gaawedisch
Hot die Dampmaschin gestann

De Klempner on de Schachtmästa

Beim Oba, bei däm Klemptnermäsda
War Bouasch Huucho zum Besuch
Wenn den suchst, eromm dann rääst er
Hot Aawed aach dehäm genuuch

De Huucho, war de Schachtmäsda
Fot Wasser, ren on rous vom Hous
Wenn 't ondiecht es, dorch'd Doarf dann scheest er
On micht dobei net ämo Pous

Se duun metnanna deskereere
So iewa Dit on iewa Dat
On dätt die Leit sich als beschwere
Wenn äna moo die Zeit net hat

Fo ebbes moo ganz schnell se flicke
Wat so kaputt ging iewa Daach
Do Oba broucht sich net se bicke
Sei Werkbank war halb hoch on flach

Däm Huucho sein war onnairdisch
Dä hot geschafft meerchdens em Kella
War manchmo aach noch gar net ferdich
Wenn of däm Disch gestann die Della

Wei war de Huucho bei meim Oba
En da Werkstatt fo se gucke
Er war joo aach en gure Nobaa
Hat trotzdäm awwa aach sei Mucke

Deswäe wollt de Oba ihn
Schletzohrich of die Schepp dann hule
Wie dat dann ging, kennt da wei siehn
On e bissje met aach fiele

De Oba hat en Kupferrohr
Gelöt grad äwe met Karbit
De Huucho sollt wei gucke noor
Ob loo noch fählt e bissje Kitt

Dat Rohr war kromb, so wie en U
Er hält et wei end Wasserbad
Weil a wesse wollt, ob's gut
On ob die Aawet war geroot

Er seht: "Guck dou von voore ren
Eich bloose henne met mei'm Moul
Wenn 'd Bläsja get, aach noch so denn
Dann es am Rohr noch ebbes foul!"

Dann horra Wasser rengeloss
On seht zum Huucho: „Nounte guck!"
De Oba hält de Finger droff
On henne micht da kräftich Druck

Dann micht er seine Finga grad
Däm Huucho spretzt dat ganz Menü
En'd Gesiecht erenn so satt
De Oba seht noor: "2 ATÜ!"

Gedichte auf Hochdeutsch

Weihnachten, oder die Dampfmaschine

Als wir zwei noch Vorschulbuben
Da war das Weihnachtsfest noch schön
Spannung herrschte in den Stuben
Bis man in die Kirch konnt' gehn

Wenn die Kartoffeln warn im Keller
Und das Gemüse unterm Dach
Die Zeit, sie lief und immer schneller
Der Weihnacht zu, so jeden Tach

Wenn Sommer und der Herbst vorbei
War das Jahr bald abgeschlossen
Wenn dann der Niklaus sagt: "Bye, Bye"
Hat man Hochspannung genossen ..

Aufs Weihnachtsfest mit Christkindchen
Auf Gabentisch mit Stoffverhüllung
Für den man sich konnt etwas wünschen
Mit ganz viel Hoffnung auf Erfüllung

Wir wurden überall gefragt
Was uns am meisten Spaß tät machen
Der Wunsch, der war dann schnell gesagt
Es gab nur eins von so viel Sachen

Wir Zwei, der Jürgen und auch ich
Wir mussten nicht nach Kirchberg fahren
Da war ein schöner Gabentisch
Im Schaufenster von Schülers Laden

Dort stand ne Dampfmaschine drin
Mit Transmission und drum und dran
Wir waren weg und waren hin
Die sollt es sein, die wolln wir ham ..

Vom Christkindchen, das ja bald kommt
Vor einem Jahr, nicht nur im Traum
Mit weißem Tüll und langem Hemd
Stand's selbst bei uns vorm Weihnachtsbaum

Jeden Tag hat man geguckt
Ins Schaufenster von Schülers Käthe
Wir beide waren ganz verdruckt
Ach, wenn man die Maschine hätte!

Eines Tags war der Platz leer
Dort standen nun die Puppenstuben
Wie kriegen wir die wieder her
Das ist doch jetzt nichts mehr für Buben

So kam das Stück uns jetzt abhanden
Wir waren ganz danach verrückt
Ratlos davor herumgestanden
Und uns die Nasen plattgedrückt

Die Enttäuschung war nun da
Doch man musste damit leben
Vor allem deshalb weil man sah
Im Leben konnt's nicht alles geben

Aus Trauer waren wir fast krank
Bevor zum Schlafen wir bereit
Ein Blick hinauf zum Kleiderschrank
Dort stand ein Kasten groß und breit

"Das hat dort gestern nicht gestanden
Gestern war der Platz noch frei"
Das sagte einer zu dem andern
Und beide dachten wir "Oweih!"

Die Äugleich sandten Röntgenblicke
Durch die Schachtel sahen wir
Sehr zu unserem Entzücken
Die Dampfmaschine, die war hier

Zum Heiligabend, zisch, zisch, zisch
Jetzt war sie da, die große Bühne
Und auf unserem Gabentisch
Stand die ersehnte Dampfmaschine

Die Erde

Für die Ernährung ist ganz wichtig
Dass man sie regelmäßig nimmt
Es ist nicht schlimm, wenn man wird süchtig
Wenn die Zusammensetzung stimmt

Produkte, die die Erde spendet
Aus freien Stücken, ohne Zwang
Sind Gaben, die der Herrgott sendet
Zu nähren uns ein Leben lang

Doch der Mensch ist nicht zufrieden
Mit den Erträgnisfähigkeiten
Er drückt die Erde, will sie biegen
Zu noch mehr Opfer sie bereiten

Einst waren's Dünger, die man nahm
Die Mensch und Tier selbst produzierten
Heut' sind's auch Gifte, ohne Scham
Die Chemiker im Topf anrührten

Doch wir können nur rausholen
Was wir zuvor ihr zugewendet
Bei guten Sachen tut sie's lohnen
Bei schlechten lässt sie uns verenden

Wir sind zu viele schon geworden
Auf unserm runden Erdenball
Zu viel, und das von allen Sorten
Man kann das sehen überall

Der Mensch nimmt ab das Land den Tieren
Bringt Pflanzenvielfalt in Gefahr
Verbrennt die Welt mit Geiz und Gieren
Es bleibt nicht so, wie es mal war

Wenn's Eis am Pol auf Wärme trifft
Kann das kein gutes Ende nehmen
Das ist dann für uns alle Gift
Die ganze Menschheit soll sich schämen

Wenn's Wasser steigt an unsren Küsten
Und unser Land dann überflutet
Dann wissen wir, was wir jetzt müssten
Damit wir nicht bald ausgeblutet

Wenn alle Wälder sauer sind
Und die Böden voller Gifte
Dann denken wir vielleicht geschwind
An eine Zukunft voller Klüfte

Wenn wir die Seen so weiter düngen
Die Atmosphäre überfluten
Mit CO_2 und solchen Dingen
Dann wird's am Ende schon gelingen

Dass das System zusammenbricht
Und die Sterne niederstürzen
Dass uns am End das Jüngst' Gericht
Die Mahlzeit wird so ganz verwürzen

Dass Stillstand eintritt für Millionen
An Menschen- und an Erdenjahren
Weil wir in unsrer Zeit belohnen
Das Konsum- und Vergeudgebahren

Die Erde wird dann Urlaub nehmen
Von ihrer ganzen Menschenart
Wird sich dann widmen neuen Themen
Dabei entwickeln rein und zart

Ein Typ von Mensch im neuen Kleid
Der Empathie und Weisheit voll
Der für die Ewigkeit bereit
Der Mensch vom Level 2.0

Weihnachten auf hoher See

Auf 0-2-0, fast recht voraus
Ein Schiffchen auf den Wellen gleitet
Das Segelboot vom Nikolaus
Der vor uns übers Wasser reitet

Die Flagge von den Himmelsreichen
Flattert ganz stolz am Achterschiff
Für jeden Seefahrer das Zeichen
Mein Schiff umschippert jedes Riff

Knecht Ruprecht an dem Flaggenmast
Sendet Kommando: "Christmas for Future"
Wir sollen folgen ohne Hast
Wie eine Herde ihrem Kutscher

Kommt, reiht Euch ein in unsre Runde
Einmal zusammen um die Erde
Und bringt den Menschen diese Kunde
Dass es wieder Weihnacht werde ...

In diesen Landen, die schon bald
Sind überflutet von den Wellen
Und ist die Welt auch noch so alt
Kein Hund wird dann mehr nach uns bellen

Auf hoher See sind wir bald alle
Wenn wir nicht schnell das Klima zähmen
Es ist die große Menschenfalle
Und wird den ganzen Erdball lähmen

St. Niklaus führt das Steuerrad
Sein Kompass folgt den Himmelszeichen
So find't das Segelschiff den Pfad
Um seine Ziele zu erreichen

Die führen weltweit an die Strände
Mit schwarzen, braunen, gelben Leuten
Zu reichen ihnen unsre Hände
Die Klimazeichen recht zu deuten

Denn ihre Heimat ist bedroht
Von Wassermassen, die stets steigen
Die führen sie zuerst in Not
Die nahe Zukunft wird das zeigen

Wenn Malediven und Tuvalu
Die schönen Inseln für die Reichen
So ganz allein und ohne Zutun
Sich selber von der Karte streichen

Dann ist es für uns Zeit zu handeln
Z. B. durch Verzicht auf Feuer
Das eigne Leben rundweg wandeln
Auch wenn wir denken, das wird teuer

Wir sind es, die sich schuldig machen
Durch den Verbrauch von Energie
Was sind das denn für schlimme Sachen
Wenn wir verbrauchen viel wie nie ...

Zuvor ein Mensch pro Kopf beansprucht
Von den Ressourcen dieser Welt
Das führt im Endeffekt zur Flucht
Zuerst der Menschen ohne Geld

Die werden uns dann überrennen
Wollen, müssen bei uns bleiben
Niemand wird mehr Freunde kennen
Wenn Hunger, Durst und Hitze treiben

Drum sagt Euch endlich frei und sportlich
Zurück zu der Natürlichkeit
Nehmt endlich Warnungen ganz wörtlich
Noch habt ihr dazu etwas Zeit

Nicht jedes Jahr ne Auslandsreise
Mit Flugzeugen und Kreuzfahrtschiffen
Besinnt Euch auf bescheidne Weise
Und hört der Welten Warnungspfiffe

Knecht Ruprechts Reise soll Euch dienen
Und im Gedächtnis auch behalten
Denkt dann auch noch an unsre Bienen
Die alles Leben mitgestalten

St. Niklaus mit dem Gabensäckchen
Wird belohnen wer tut's richtig
Er wird auch mit dem kleinen Stöckchen
Bestrafen, die noch uneinsichtig